中学校社会サポートBOOKS

オーセンティックな
学びを取り入れた

中学校
公民授業

ワークシート

梶谷 真弘 著

明治図書

はじめに

社会科に「本物の学び」を

　社会科の授業は，社会の役に立つものになっているでしょうか。教科書の内容を理解させ，テストや受験で結果を出させることも，大事でしょう。しかし，現状として，そちらに重心が傾きすぎ，暗記教科という烙印を押されているのではないでしょうか。

　社会科とは，本来「社会をよく理解し，より良い社会の形成者を育てる」教科であると言えます。そのような社会科を実現すべく，「本物の学び」＝「**オーセンティックな学び**（authentic achievement）」が注目されています。

　オーセンティックな学びの提唱者であるニューマンは，オーセンティックな学びの条件として，次の３つを挙げています。

- **重要であること**（importance）：浅はかな活動主義でなく，学問の重要な概念や方法を扱うこと
- **意味のあること**（meaningful）：断片的な知識の羅列でなく，課題に対して自分の意見を構築すること
- **価値のあること**（valuable）：学校（テスト）以外の社会で役立つものであること

　例えば，「現代社会の特徴を３つ答えよう！」という課題は，３つのどれも満たしません。

　「なぜ，少子高齢化が進んでいるのだろう？」という課題になると，公民的分野の重要な概念を用いるので，「重要さ」はクリアできそうです。しかし，後の２つは満たしません。

　「自分のまちは，少子高齢化が進んでいるのだろうか？　それはなぜだろう？」という課題になると，「重要さ」と，自分の意見を持つために情報をまとめるので，「意味のある」の２つはクリアできそうです。しかし，残り１つは満たしません。

　「自分のまちの少子高齢化の現状と課題を指摘し，課題を解決するプランを提案しよう！」という課題になると，「重要さ」，「意味のある」，そして現代の政策の評価や決定にも活用できるので，「価値のある」もクリアできそうです。

　このように，授業を劇的に変えるのでなく，普段の授業に「**オーセンティックな学び**」の要素を少し取り入れることで，社会で役に立つ学びにつながります。本書では，ニューマンの提唱するオーセンティックな学びを日本の社会科学習に取り入れるために，筆者がその要素を取り入れた社会科授業プランを提案します。

　加えて，授業は楽しくあるべきです。テスト・受験重視の授業では，楽しくありません。楽

しくなければ，学習者は学習に向かわず，無気力になるか，他のことをするか，授業を妨害します。楽しくない授業をして，授業が荒れる，学力がつかないのは，授業者の責任です。

「すぐできる！」「楽しく，力がつく！」，しかも「深くてタメになる」授業！

　このようなことから，本書では，次の3つを重視した授業を提案します。

①オーセンティックな学びを取り入れ，「重要で，意味のあり，価値のある」学びに近づける

　普段の授業を少し変えることで，オーセンティックな学びに近づける授業プランを提案しています。そのポイントは，理論編で解説します。

②学習者全員が参加できる，「楽しく，力がつく」授業デザイン

　いくら学問的に優れたプランでも，学習者全員に力をつけない授業ではダメです。学習が苦手な子も楽しく学習に参加でき，全員に力がつく授業デザインを心がけて紹介しています。

③すぐに実践できる，教科書ベースの授業展開 + ワークシート

　大きく単元構成を組み替えることなく，一般的な教科書の流れを変えずに，オーセンティックな学びを取り入れた授業展開を提案しています。そのため，オーセンティックな学びという視点でみれば，不十分かもしれません。しかし，大事なことは普段の授業をオーセンティックな学習に近づけていくことです。そのため「すぐ実践できる」ことを優先しました。本書をベースに，ご自身でさらにより良い実践を開発していってください。

　本書は，理論編と実践編で構成されます。

　理論編は，次のように構成されます。まず，オーセンティックな学びの概要と3つの柱，公民的分野の学習でオーセンティックな学びをどのように取り入れるかを解説します。次に，単元レベルのデザインとして，単元全体の構成や単元全体の課題をつくるポイントなどを解説します。そして，授業レベルのデザインとして，社会科の資質・能力の階層に基づく発問の類型，それに基づく授業の組み立てを解説します。最後に，全員参加・全員に力をつける授業を行うためのポイントを解説します。

　実践編は，公民的分野の学習を全13の単元で構成し，それぞれの単元を紹介します。各単元では，まず単元全体の構成を示し，後のページに単元内の授業を，展開案とワークシートで紹介します。

　本書のウリは，「すぐできる！」「楽しく，力がつく！」，しかも「深くてタメになる」授業です。本書が，普段の授業づくりに悩まれている方，より良い授業を模索中の方の役に立てれば幸いです。

梶谷　真弘

本書の使い方

【単元構成のねらい】本単元の公民的分野の学習全体での位置付けや，つかませたい特色や視点・考え方を示しています。

【単元の概念構造】
- 本質的な問い…単元内で直接は問いませんが，本単元で扱う事例の学習を通して，その事例を超えて考えさせたい問いを示しています。
- 単元の問い…本単元の学習を通して考えさせたい問いを示しています。この問いを考えるために，単元全体の課題に取り組みます。単元全体の課題を解決することで，単元の問いへの自身の答えを導くことにつながります。
- 考えさせたい視点…上の2つの問い，単元全体の課題を解決する際に，考えさせたい視点です。学問的な視点（多面的）と，関係する人々の立場（多角的）ごとに示しています。

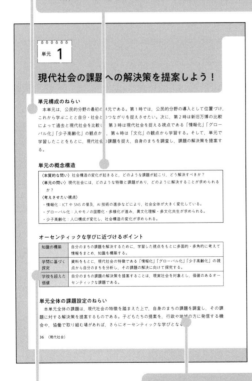 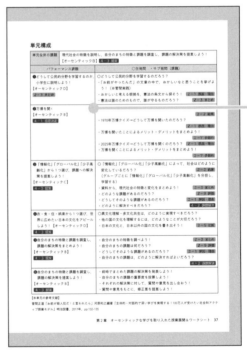

【単元全体の課題設定のねらい】単元全体の課題を設定したねらいと，考えさせたい視点を示しています。

【オーセンティックな学びに近づけるポイント】本単元がオーセンティックな学びにどのようにつながっているのか，そのポイントを3つに分けて示しています。

――――――― [実践編：単元構成のページ] ―――――――

【単元構成】

・パフォーマンス課題…各時間の核となる課題です。パフォーマンス課題を解決するために，それまでの活動が設定されます。課題の後ろには，p.16のオーセンティックな公民的分野の学習の4つのパターンのどれに属するのか，発問の類型のどこに位置付くのかを示しています。

・主発問・サブ発問（課題）…○が主発問，それ以外がサブ発問（課題）です。主発問を考えるために，サブ発問（課題）が設定されます。また，発問の類型（p.27）のどこに位置付くのかを，後ろに示しています。

【単元内の位置付け】本単元内
でどのような位置付け・意図で本時が設定されているのかと，本時の概要を示しています。

右側には，授業で使うワークシートを示しています。そのまま使っていただいても構いませんし，部分的に切り取って使っていただいても構いません。記入部分はできる限り思考ツールの考え方を取り入れ，思考を可視化しやすく，また記入部分を見て書くことが学習者にわかりやすくなるように工夫しています。

現代社会の課題への解決策を提案しよう！ ❷

◎ 単元内の位置付け

本時では，1970年と2025年の万博を切り口に，社会の変化とその影響を考える。万博による社会の変化は時代こそ異なるが，開催にはメリット・デメリットがある。万博の開催を論点に議論を行うことで，社会的論争問題について考える。

◎ 指導言でわかる！授業の流れ

(1) クイズ 1970年万博のCMを視聴し，1970年万博クイズ
 ①アメリカ合衆国の目玉展示は？→月から持ち帰った「月の石」。当時は，アメリカとソ連が宇宙開発競争をしていた。
 ②次の中で，大阪万博の時期にできたものはどれ？A：モノレール，B：動く歩道，C：携帯電話　→すべて正解。当時の社会の変化が読み取れる。
 ③大阪万博のテーマは，「人類の（？）と（？）」何が入る？→「人類の進歩と調和」このテーマからも，産業・技術の発展と，平和共存，環境問題という，当時の社会が読み取れる。

(2) 発問 どうして万博を開いたのだろう？　2-1 因①・理由
 →（例）「日本の発展をアピールしたい。」「万博を開くことで開発を進めたい。」など

(3) 活動 万博を開いたことによるメリット・デメリットをまとめよう！　2-7 多面的
 メリット：（例）社会インフラの整備が進んだ。産業・技術が発展した。など
 デメリット：（例）環境への課題がより深刻となった。など

(4) クイズ 2025年万博のCMを視聴し，2025年万博クイズ
 ①何が入るだろう？「人と共存する○○」→ロボット
 ②何が入るだろう？「空飛ぶ○○」→クルマ
 ③大阪・関西万博のテーマは？→「いのち輝く未来社会のデザイン」

(5) 発問 どうして万博を開くのだろう？　2-1 因①・理由
 →（例）「万博を開くことで，たくさんの人に来てもらい，経済を活性化させたい。」など

(6) 活動 万博を開くことによるメリット・デメリットをまとめよう！　2-7 多面的
 メリット：（例）来日・来阪者を増やし，経済を活性化できる。など
 デメリット：（例）多くの税金が使われ，他の用途に使えなくなる。など

(7) パフォーマンス課題 万博を開くことに，賛成？反対？
 今回は大阪・関西万博に絞った議論だが，広く万博開催の是非を問う課題でも可能である。今回の万博に絞れば，現状に対する具体的・現実的な議論になる。一方で，広く問えば，これまでの歴史や，これからの未来を含めた理念を重視した議論となる。

現代社会の課題への解決策を提案しよう！ ②

目標 万博による社会の変化とその影響を説明できる。

【活動1】1970年万博を開いたことによるメリット・デメリットをまとめよう！

メリット	デメリット

【活動2】2025年万博を開くことによるメリット・デメリットをまとめよう！

メリット	デメリット

【パフォーマンス課題】万博を開くことに，賛成？反対？

立場	理由	別の立場の意見への反論
賛成		
反対		

【指導言でわかる！授業の流れ】授業の流れを，できるだけ細かく示しています。クイズや発問には，予想される回答や答えを後ろに示しています。また，本書では，授業形態を指定せずに書きました。学校やクラスの状況によって，クラス全体・グループ・ペア・個人などを使い分けて実施してください。オーセンティックな学びに近づけるためには，①個人での資料との対話，②ペアやグループでの対話が欠かせません。意識的に取り入れていきましょう。また，特に指示のない資料は，基本的に教科書や資料集に掲載されているもので実践できます。

──────────── ［実践編：授業のページ］ ────────────

CONTENTS

はじめに　2

本書の使い方　4

第1章　オーセンティックな学びを取り入れた授業づくり　4つのポイント

❶ カリキュラムづくり

1　なぜ社会科，公民的分野を学ぶのか　10

2　オーセンティックな学び　11

3　知識の構築　12

4　学問に基づく（鍛錬された）探究　13

5　学校を超えた価値　14

6　学習者からみたオーセンティックな学び　15

7　公民的分野の学習でオーセンティックな学びを実現するために　16

❷ 単元・パフォーマンス課題づくり

1　単元全体の課題づくり　22

2　単元のデザイン　23

3　ポートフォリオづくり　24

❸ 授業・発問づくり

1　社会科の資質・能力の段階　26

2　発問の類型化　27

3　授業の組み立て　28

❹ 全員に力をつける（誰一人取り残さない）

1　環境のユニバーサルデザイン　29

2　学力のユニバーサルデザイン　30

3　意欲のデザイン　31

4　全員に力をつけるための授業デザイン　32

オーセンティックな学びを取り入れた授業を成功させるためのチェックリスト　33

オーセンティックな学びを取り入れた授業展開&ワークシート

現代社会
- 単元 1　現代社会の課題への解決策を提案しよう！　36
- 単元 2　社会をみる視点を養おう！　42

政治
- 単元 3　日本国憲法から日本の未来を考える　48
- 単元 4　新しく憲法に載せるべき権利を決めよう！　54
- 単元 5　架空政党をつくり, 法案を提出しよう！　60
- 単元 6　日本の三権への提言！　66
- 単元 7　自分たちのまちをより良くするために　72

経済
- 単元 8　日常生活にあふれる経済　78
- 単元 9　企業とコラボ！オリジナル商品をつくろう！　84
- 単元 10　日本経済の課題の解決策を提案しよう！　92
- 単元 11　日本財政に物申す！　96

国際
- 単元 12　平和な世界の実現のために　102
- 単元 13　より良い社会の実現に向けた15歳の提言　108

おわりに　114

第 1 章

オーセンティックな学びを取り入れた授業づくり 4つのポイント

Authentic Achievement

×

Civics

1 カリキュラムづくり

1 なぜ社会科, 公民的分野を学ぶのか

良き市民

政治や社会情勢に関心を持ち, 選挙などで自分の意見を表明し, 政治に参加する人

社会に役立つ様々な仕事や活動を行っている人

現実の社会の課題に対して, どうしたら解決できるかを考え, 行動を起こす人

1 なぜ社会科を学ぶのか

なぜ社会科を学ぶのでしょうか。受験やテストで高得点を取らせるためでもなければ, 物知りで雑学やクイズが得意な子を育てるためでもありません。

社会科の目的は, 様々な言葉が使われますが, 「民主主義社会の形成者」を育てることと言えます。「良き市民」という表現をすることもあります。

「良き市民」とは, どのような人でしょうか。例えば, 次のような人ではないでしょうか。

・政治や社会情勢に関心を持ち, 選挙などで自分の意見を表明し, 政治に参加する人

・社会に役立つ様々な仕事や活動を行っている人

・現実の社会の課題に対して, どうしたら解決できるかを考え, 行動を起こす人

現在の社会科授業で, このような「良き市民」を育てることはできているでしょうか。残念ながら, できていないのがほとんどなのではないでしょうか。

社会科授業を, より現実社会につなげ, 「良き市民」に必要な資質・能力を形成する授業にしていくことが求められます。

2 なぜ公民的分野を学ぶのか

公民的分野は, 直接現実の社会と関わることの多い分野です。地理的分野や歴史的分野で学習したことを活かし, 現実の社会について学習していきます。

しかし, 公民的分野の学習では, 受験に近い時期に学習するということもあり, 制度を理解することや, 用語を多く知ることに重きが置かれがちです。しかし, このような学習では, 「良き市民」は育ちません。

公民的分野は本来, 「良き市民」の育成に一番関わりが深い分野です。地理的分野・歴史的分野で学習した見方・考え方や, それを含めて鍛えてきた資質・能力を用いて, 公民的分野で現実の社会で起こる課題を解決するための学習を行い, 「良き市民」を育てていきます。では, どのような学習をすればよいのでしょうか。それを解決してくれるのが, 「オーセンティックな学び」です。

1 カリキュラムづくり

2 オーセンティックな学び

「オーセンティックな学び」とは，どのようなものなのでしょうか。オーセンティックな学びとは，オーセンティックな学力を形成するための学習です。簡潔に言えば，「現実社会で活躍する大人に求められる資質・能力（の知的な側面）」が，オーセンティックな学力です。「良き市民」に必要な資質・能力に近いと考えられます。現実の社会で直面する課題に対して，調査し，知恵を出し合い，仲間と共に解決していくことができる資質・能力です。逆に，オーセンティックでない学習とは，その形成につながりづらい学習です。例えば，テストで高得点を取るために行われる知識の反復学習や，教師が解説したことをノートに写す活動などです。

では，オーセンティックな学力を形成するには，どのような学習が必要なのでしょうか。オーセンティック概念の提唱者であるニューマンは，次の3つが重要であると言います。

①知識の構築：知識を覚えるのでなく，自分の考えを構築するために活用する。
②学問に基づく（鍛錬された）探究：学問的な探究，他者との議論を用いる。
③学校を超えた価値：現実社会で意味があり，価値のある学習を行う。

下の表は，筆者がオーセンティックな学習とそうでない学習のポイントを比較したものです。

3つの要素	オーセンティックな学習	オーセンティックでない学習
知識の構築 (construction of knowledge)	・課題を解決するために情報をまとめる ・思考を重視した学習 ・多面的・多角的に考える	・知識を覚えることが目的 ・写したり，覚えることが中心の学習 ・1つの視点や立場から考える
学問に基づく（鍛錬された）探究 (disciplined inquiry)	・重要な概念を理解する ・複数の学問の考えを取り入れる ・議論する	・浅い知識の羅列 ・1つの学問のみの学習 ・教師の一方的な伝達
学校を超えた価値 (value beyond school)	・課題が社会とつながる ・方法が社会とつながる ・評価が社会とつながる	・教科書の内容の学習 ・教室の中だけの学習 ・受験やテストのための学習

次項から，これらを解説していきます。

1 カリキュラムづくり

3 知識の構築

　オーセンティックな学びに必要な要素の1つ目は，「知識の構築」です。断片的な知識を覚えるのではなく，知識をまとめ，活用して自分の考えを構築するための道具にします。知識は，「覚える対象」ではなく，「自分の考えをつくるための道具」なのです。「知識の構築」のポイントは，次の3つです。

1　課題を解決するために情報をまとめる

　1つ目は，「課題を解決するために情報をまとめる」ことです。授業で出てくる情報は，覚えるのではなく，自分の意見を持つためのものです。逆に言えば，授業の課題を，「ある課題について意見を書く」課題にすることで，授業で出てきた情報を自分なりにまとめ，意見を構築していくでしょう。例えば，「1970年から2025年万博への社会の変化を踏まえ，現代の課題を一つ選び，その解決策を提案しよう！」という課題を出せば，自分の意見を構築するために，資料をもとに社会の様子を比較し，情報をまとめるでしょう。このような課題を単元ごとに設定します。

2　思考を重視した学習

　2つ目は，「思考を重視した学習」です。課題を解決するための学習であっても，そのための考えが自分で考えた結果でなく，教科書や専門家の意見の受け売りでは，課題を解決する力がついたとは言えません。資料を読み取り，因果関係や概念をつかんだり，まとめたり，評価したりする活動を通して，課題を解決する学習が必要です。

3　多面的・多角的に考える

　3つ目は，「多面的・多角的に考える」ことです。例えば，「ロシアのウクライナ侵攻の平和的解決策を提案しよう！」という課題では，侵攻に至った地理的な条件や歴史的背景，国際的な枠組み，実際の被害状況など，多面的に考えていきます。また，各国の思惑や国連などの国際的な組織などの立場から多角的に考えて判断します。このような課題で，多面的・多角的に，より広く，より深く考えることができるようになります。

1 カリキュラムづくり

4 学問に基づく（鍛錬された）探究

　オーセンティックな学びに必要な要素の2つ目は，「学問に基づく（鍛錬された）探究」です。現実社会に近づける学習を意識すると，活動に重きが置かれ，学問的な部分がおろそかになりがちです。また，一人で課題に向き合うだけでなく，他者と協力して課題を解決する力も求められます。学問的な内容・方法を用いて，他者と協同して探究する学習が必要です。「学問に基づく（鍛錬された）探究」のポイントは，次の3つです。

1　重要な概念を理解する

　1つ目は，「重要な概念を理解する」ことです。学習を，知識の羅列にとどめないように，学問的に重要な概念を理解するように，学問的に正しい方法で考えるように，課題を設定する必要があります。例えば，「企業とコラボ！企業に商品の企画書を提案しよう！」という課題では，まず商品の生産や流通，販売に関する理解が不可欠です。次に，企業の視点だけでなく，消費者の視点から商品を考えていきます。このように，経済学をはじめとする現実社会を理解するために必要な概念を扱い，それを理解した上で，判断する課題を設定します。

2　複数の学問の考えを取り入れる

　2つ目は，「複数の学問の考えを取り入れる」ことです。現実社会の課題を考える際には，様々な考え方を用いて，解決策を考えます。例えば，「赤字バス路線に税金を使うべき？」という課題では，地方財政に関わる概念を学習し，収入と支出のバランスとその配分の難しさに気づきます。その上で，企業の立場（経営の視点），行政の立場（公共の視点），各地域の市民の立場（公正の視点）から分析し，より良い解決策を考えます。複数の学問の重要な概念や方法を用いることで，より深く，多面的に課題を考えることができます。

3　議論する

　3つ目は，「議論する」ことです。現実社会では，他者と協力して課題を解決する力が求められます。複数で協力する場面や，立場を分けて議論する場面などを設けることで，自分の意見を伝え，他者の意見を聞き，さらに自分の意見を修正していく力を形成していきます。

1 カリキュラムづくり

5 学校を超えた価値

オーセンティックな学び に必要な要素の3つ目は，「学校を超えた価値」です。受験やテストのための学習では，知っているか，理解しているかに重点が置かれ，現実社会とつながりが希薄になりがちです。そうではなく，学校の外の現実社会で実際に起こる課題について考えることで，オーセンティックな学びにつながります。ポイントは，次の3つです。

1 課題が社会とつながる

1つ目は，「課題が社会とつながる」ことです。学校の中だけでしか聞かれないような課題でなく，現実社会で起こる課題に近づけることが必要です。例えば，政治の単元で，三権分立や，三権に関する用語や制度を覚えることは，現実社会とほとんどつながりがありません。そうではなく，「三権の中から1つ選び，その課題を指摘して，解決策を提案しよう！」という課題では，三権に関する特徴をまとめ，課題を明確にするために情報を整理し，解決策を考えます。課題で学習する内容と，現実社会がつながります。

2 方法が社会とつながる

2つ目は，「方法が社会とつながる」ことです。課題を現実社会とつなげても，教室の中の話で終わってしまえば，現実味がありません。例えば，意見文を提出するなど，現実社会に働きかけるような方法を取り入れることで，オーセンティックな学習につながります。

3 評価が社会とつながる

3つ目は，「評価が社会とつながる」ことです。学校の成績にしか影響しない学習では，現実味がありません。実際に学校の外部の人に提案するなど，現実社会からの評価を受けたり，行動を起こしたりする活動を取り入れることで，オーセンティックな学習につながります。

本書では，公民的分野の流れを大きく変えずに，どの学校現場でも「すぐできる」授業を優先したため，この「学校を超えた価値」の要素が不十分な点があります。ぜひ，ご自身で社会とつながる課題・授業を開発してください。

1 カリキュラムづくり

6 学習者からみた オーセンティックな学び

オーセンティックな学力

(3) 達成感のハードル

(2) メタ認知のハードル

(1) 興味・関心のハードル

　ここまで，オーセンティックな学びの必要性と，その学習方法をみてきましたが，難しいと感じる方が多いのではないでしょうか。「理想はわかるが，子どもたちがついてこられるのか」という疑問を感じた方も多いと思います。

　ここでは，学習者の視点で，オーセンティックな学びを考えてみましょう。学習者が学びに向かい，それを継続して力をつけていくには，いくつかのハードルがあります。

1 その学習はおもしろそうか（興味・関心のハードル）

　おもしろくない，興味のない活動には，学習者は意欲的に参加しません。これは，どの授業でも同じです。退屈そうにしていたり，学習に取り組まない学習者がいれば，その授業は失敗です。この興味・関心のハードルを突破するために，内容や方法を工夫することが授業者には求められます。そのコツは，p.30, 31で説明しますし，実践編で具体例を出しています。

2 できそうか，やる意味はあるか（メタ認知のハードル）

　次のハードルは，学習者にとって，その課題をクリアできるという見通しを持てるかどうかです。スモールステップで課題を設計し，達成できるように課題を組み合わせて授業を設計するユニバーサルデザインの視点が必要になります（p.29）。

　そして，その課題をやる意味があると思えたら，学習に向かいます。オーセンティックな学びは，現実社会の課題とつながるので，「意味のある学習」と感じやすい特徴があります。ここがオーセンティックな学びの強みです。

3 うまくできたか，やった価値はあったか（達成感のハードル）

　最後に，課題はうまくできたか，課題に取り組んだ価値があったかという，達成感のハードルです。オーセンティックな学びは，自分の考えを他者に伝えたり，現実社会へ提案したりする形式が多いので，達成感を感じやすく，「価値のある学習」と感じやすい特徴があります。

　このように，学習者の視点でみても，メリットが多く，授業者の工夫があれば，楽しく，意味のある，価値のある学習が可能です。

第1章　オーセンティックな学びを取り入れた授業づくり　4つのポイント　15

1 カリキュラムづくり

7 公民的分野の学習でオーセンティックな学びを実現するために

1 オーセンティックな公民的分野の学習の4つのパターン

　公民的分野の学習は，地理的分野・歴史的分野に比べて，現実社会の課題を扱いやすいです。その点では，オーセンティックな学びをつくりやすいかもしれません。しかし，実際に行われている授業の多くは，用語や制度を理解することを目的とした授業や，現実社会の課題を扱っているが教師からの話題提供に終わっている授業，一部分の活動で終わっている授業などではないでしょうか。

　オーセンティックな学びを実現するには，繰り返しになりますが，オーセンティックな学びに必要な3つの要素を十分に取り入れる必要があります。まず，社会諸学問の内容・方法に基づいた探究（学問に基づく探究）を行うことです。次に，課題に対して自身の考えを構築する（知識の構築）ことです。そして，課題に対して，授業内だけでなく社会に発信する（学校を超えた価値）ことです。これらがすべて満たされて，オーセンティックな学習と言えます。

　とはいえ，すべての授業や単元で，現実社会の課題に直結した学習を行うことは困難ですし，出口に重きを置きすぎると，土台となる学問分野の学習で培うべき力がおろそかになります。そのため，カリキュラム全体で，オーセンティックな学びを実現できるように，授業者がマネージメント（カリキュラムマネージメント）する必要があります。

　オーセンティックな公民的分野の学習には，大きく分けて4つのパターンがあります（『オーセンティックな学びを取り入れた中学校地理授業＆ワークシート』の枠組みと同じです）。

〇パターンA：現実の社会問題で，実際に社会に参画していく課題を
　　　　　　ゴールとした学習

　現実社会で起こる課題を対象とし，実際に何らかの形で社会に発信・参画していくことまでを含む学習です。公民的分野の学習では，パターンAの学習を設計しやすいです。例えば，「地方自治」の単元では，自分の住む地域の課題を調査し，地域の方や専門家などと意見交換しながら，課題の原因を分析し，解決に向けて行動を起こしたり，発信したりすることで，実際の社会に関わり，影響を与えます。

○パターンB：現実の社会問題で，学習者に近い課題をゴールとした学習

　学習者に比較的近い現実社会で起こる課題を対象とする学習です。パターンAに比べると，実際の社会への明確な関わりや発信は少ないです。パターンCの学習と比べると，題材に対してより詳細に分析し，自身の判断をもとに解決策を考えていきます。

○パターンC：現実の社会問題であるが，学習者にとって遠い課題をゴールとした学習

　実際に社会で起きている課題を扱い，解決策を考えていきますが，学習者にとっては遠い課題を対象とする学習です。国レベルの課題や，地球規模のレベルの課題が，これに当たります。自分とは少し距離のある課題を通して，冷静に分析・判断し，解決しようとする資質・能力を養います。ただし，距離的には遠い課題でも，地球規模で解決すべき課題という視点を加えたり，自分たちの地域に置き換えて考えられるようにしたりして，課題を扱います。そのため，自分事として考えるようなしかけや工夫が重要です。

○パターンD：現実と離れたパフォーマンス課題をゴールとした学習

　学習内容やスキルなどを理解することや，それらを応用することを重視する学習です。基礎となる知識やスキルの理解を目的とする，各単元の導入部の授業や，大単元の最初の単元などが，この学習に当たります。オーセンティックとしては不十分ですが，今後の学習のための知識やスキル，資質・能力を養うための学習です。

　パターンAの学習が，一番求められるオーセンティックな公民的分野の学習です。しかし，すべての単元をパターンAにする必要はありませんし，そうすると各学問分野で獲得すべき部分がおろそかになってしまう危険性もあります。

　大事なことは，社会科のカリキュラム全体で，どのようにオーセンティックな学力を形成していくかを考えることです。それぞれの単元の学習を別々に考えるのでなく，それぞれの単元の特性を考慮しながら展開し，全体を通してオーセンティックな学力を形成していけばいいのです。

　また，単元全体の課題には，大きく2つの要素があります。1つ目は，**社会とのつながり**です。オーセンティックな学びを実現するためには，現実社会との関わりが欠かせません。2つ目は，**単元で学習したことの活用**です。社会とつながっていても，単元での学習が活かせなければオーセンティックな学びとはなりません。この2つが満たされる課題が望ましい課題と言えます。しかし，この2つは相反する場合もあり，単元によっては必ずしも両方を十分に満たせない場合もあります。そのため，単元全体の課題についても，すべての単元で両方を満たすものにこだわるというよりも，カリキュラム全体を通して，これら2つが満たされる課題を配置できるようにマネージメントすることが大切です。

第1章　オーセンティックな学びを取り入れた授業づくり　4つのポイント　**17**

2 公民的分野の学習ポイント

　公民的分野の学習は，基本的には政治・経済・国際社会など，社会科に関わる学問ごとに学習を進めます。どの単元でも，現代の社会を対象とする点では共通しています。しかし，学問の用語の解説や，制度の理解に重きが置かれてしまいがちです。

　公民的分野の学習全体を通してのポイントは，次の3つです。

・抽象と具体，全体と部分を組み合わせる

　公民的分野では，政治や経済の単元など，抽象的な内容が多い単元があります。加えて，現代社会や国際の単元など，地球や社会全体の視点からの内容が多い単元もあります。抽象的な内容が多い授業だと，子どもの学習意欲が低下しがちです。

　どの分野の学習でもそうですが，子どもたちの身近な題材や具体的な事例から授業をはじめ，抽象と具体，全体と部分を往復させるような学習の進め方が必要です。

・現実の社会問題につなげる

　公民的分野の学習では，現実の社会に関する内容を扱いますが，それを覚えたり理解したりすることを目的とする学習では，現実の社会につながっているとは言えません。そこで，現実に起こる社会問題を取り上げ，その解決策を提案する学習にすることで，学習内容が現実社会とつながります。

・他分野の学問の視点を取り入れる

　現実の社会問題を考えるときには，一つの学問からの分析だけでは不十分です。複数の学問の視点を取り入れ，多様な視点から解決策を考える学習が必要です。

　本書では，現行の学習指導要領の流れを崩さずに，筆者が授業を行う場合の学習プランを提案します。あくまで，筆者の一案なので，様々なものがあって良いと考えています。大事なことは，社会科の学習全体でオーセンティックな学力をつけていくために，授業者がカリキュラムマネージメントを行うことです。

　ここからは，公民的分野の大単元ごとに，学習ポイントを解説します。

①現代社会の学習ポイント

　現代社会の学習は，歴史的分野の学習と内容が重複したり，「効率と公正」などの視点の獲得のみに重点が置かれたりと，単元の学ぶ意義がわかりにくいところがあるかもしれません。大事なことは，現代社会を捉えるための視点，見方・考え方を使って現代社会を捉え，その課

題を解決する策を考えていくことです。

・歴史と接続し，未来を考える
　現代社会は，公民的分野の最初の単元です。そのため，歴史的分野と公民的分野を接続する単元でもあります。そのため，過去・現在・未来の３つの軸を意識した学習設計が必要です。
　現代社会を対象とし，歴史として学習してきた過去と現在を比較させながら，現代社会にどのような特徴があるのか，どのような変化がみられるのかを分析します。その分析をもとに，これから進む未来がどうなっていくのかを予測し，必要な取り組みや行動を考えます。

・公民的分野の学習の軸となる，
　見方・考え方を学習する

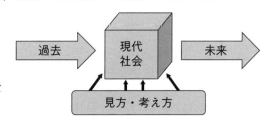

　また，これからの公民的分野での学習の軸となる，見方・考え方を使って学習します。
　公民的分野で扱う見方・考え方としては，「対立と合意」「効率と公正」がまず思い浮かぶでしょう。それだけでなく，政治の分野では民主的価値，経済の分野では経済に関する概念などの見方・考え方を扱うので，それらの基本的なものを取り入れます。そうすることで，政治や経済の分野の学習をスムーズに進めることができます。

②政治の学習ポイント
・制度や用語の理解を目的にしない
　政治の分野の学習では，しくみや制度，体制，それらの用語がたくさん登場するため，それらを理解したり，覚えたりすることがメインの学習になりがちです。しかし，それらを覚えたからといって，現実の社会を理解したことにはなりませんし，制度が変わればその学習の意味は大きく薄れます。それに，何よりも楽しくありません。
　大事なことは，どうして，何のためにその制度やしくみがあり，どのような良さや課題があるのかを学習することです。その視点で学習することで，社会の本質を捉える力が養われます。
　では，社会の本質を捉えるためには，どのような視点（見方・考え方）が必要なのでしょうか。様々な視点がありますが，ここでは「民主的価値」という枠組みを用います（次頁の表）。
　民主的価値とは，民主主義社会を構成する上で核となる価値や価値観です。詳細は省きますが，このような視点をもとに，事例を分析し，望ましい解決策を考えていきます。

・現在の制度を絶対視しない
　公民的分野の学習では，常に現在を絶対視しないという視点が大切です。その視点を獲得するために，これまで地理的分野・歴史的分野を学習してきました。過去の事例をもとに現代の

第１章　オーセンティックな学びを取り入れた授業づくり　４つのポイント　19

事例を分析したり（歴史的アプローチ），他国や他の地域の事例をもとに日本や地域の事例を分析したり（地理的アプローチ）して，より良い社会を考えていく見方・考え方を鍛えていきます。

表　主な民主的価値の一覧

主に個人に関すること	主に社会に関すること
自由，平等，多様性，幸福追求，地域愛，アイデンティティ	公共善，正義，真実，人民主権，法のルール

（筆者作成）

③経済の学習ポイント

　経済の学習でも，用語や制度がたくさん登場するため，その理解を目的とする学習になりがちです。大事なことは，「経済（学）がわかる」ことを目的とするのではなく，「経済の視点を使って，社会がわかる」ことを目的とすることです。

・経済の重要な視点を明確にする

　大事な視点とそうでない視点を明確にする必要があります。経済学者のマンキューは，「経済の10大原理」を示し，それを3つの階層に分類しています。

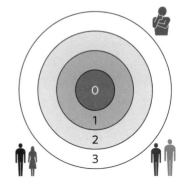

　モノが多いところと少ないところ，欲しいところと余っているところがあるから，経済活動が生まれます。そして，人がモノを買うか買わないか，行動するかしないか，どちらを選ぶかなど，意思決定を原理の中心に経済を考えます。経済のいろいろな制度も，この意思決定の結果として生まれています。右の図と下の表は，マンキューの理論を参考に，筆者がまとめたものです。

表　経済の視点の3階層モデル

階層	内容	経済の視点
⓪前提	経済活動の前提となる視点	0-1．希少性，0-2．トレードオフ
①意思決定	個人が意思決定をするベースとなる視点	1-1．インセンティブ，1-2．コスト
②影響	小さな規模での視点	2-1．市場，2-2．交易
③経済全体の動き	大きな規模での視点	3-1．政府の政策，3-2．税，3-3．経済システム

（筆者作成）

　「意思決定」を学習の中心に置き，経済の視点をもとに社会を分析する学習を進めます。

・日常生活の疑問から学習

経済の理論や用語を学習する際，子どもにとっては少し難しく感じたり，遠い世界に感じたりしがちです。しかし，「どうして同じ商品なのに，価格が変わるの？」など，日常生活の素朴な経済に関する疑問は多いです。そういった素朴な疑問から学習をスタートすることで，学びやすく，学びたくなる学習を心がけます。

④国際の学習ポイント

国際の学習は，地球規模の内容を学習するため，子どもたちにとって少し遠い学習になりがちです。しかし，自分にとって遠いと認識すると他人事になり，自分事として考えることが難しくなります。

大事なことは，「think globally, act locally」という言葉にもあるように，広い視野で考え，自分にできることは何かを考え，行動する力をつけることです。

・地球市民として考える

地球市民として，現在の世界で起こる様々な課題を取り上げ，自分事として考えることが大切です。そのためには，次のような工夫が必要です。

まず，子どもが切実となるような事例を取り上げることです。「こんなのおかしい」「許せない」「放っておけない」という情動が，学習のエンジンになります。次に，自分も関わっているという「つながり」に気づかせることです。例えば，環境問題も，自分たちの消費行動が影響しているという「つながり」に気づくことで，他人事ではなくなります。そして，重層的な解決策を考えることです。地球規模の課題の解決策を考える際，広い視点での解決策に終始しがちです。そうではなく，国にできること・企業にできること・私たちにできること，など重層的に解決策を考えることで，自分の行動につなげることができます。

・背景に迫る

理屈として正しいことでも，それが現実とかけ離れていることがたくさんあります。どうしてこの問題が解決しないのか，その背景をしっかりと見つめ，望ましい方向性と現実的な解決策を考えることで，地球規模の課題もオーセンティックに近づきます。

ここまで，オーセンティックな学びの全体像を解説しました。次節からは，具体的に単元づくりの方法を解説していきます。

2 単元・パフォーマンス課題づくり

1 単元全体の課題づくり

　まずは，単元全体の課題を設定します。単元全体の課題は，その単元を学ぶ目的になるので，とても重要です。本来，オーセンティックな学びは，現実社会の課題から学習をつくっていきますが，カリキュラムや教科書のある中で，現実的ではありません。本書では，一般的な公民的分野の学習の流れに合う形で，オーセンティックな学びに近づけます。

　単元全体の課題づくりのポイントは，次の3つです。

1　単元の学習内容を満たす課題

　単元の学習内容を理解していなくても達成できる課題は，良い課題ではありません。単元のすべての内容を網羅するのではなく，単元の重要な概念を理解していれば解決できる課題を設定することが求められます。そのため，一つの時間だけで解決できるようなものでなく，様々な視点から考える必要のある課題を設定することが重要です。

2　「本質的な問い」につながる課題

　「本質的な問い」とは，その事例にだけ通用する問いではなく，他の場面にも応用できる問いのことです。例えば，「飛行機のチケットは，どうして時期によって価格が変わるの？」という問いは，場面が限定されるため，本質的な問いではありません。しかし，この問いの後に，「どうして，同じ商品なのに，価格が変わるのだろう？」と問えば，一つの場面だけでなく，他の場面にも応用できる，汎用性の高い問いになります。本質的な問いにつながる課題にすることで，授業内の学びを現実社会に応用できるようになります。

3　現実社会とつながる課題

　現実社会につながる課題は，2種類あります。一つは，テーマや内容そのものが現実社会の課題に直接つながる課題です。社会が直面している課題や社会的論争問題などです。もう一つは，内容自体はつながらないが，現実社会を考える「良き市民」に必要な考え（見方・考え方）を形成するための課題です。この2つを組み合わせて，課題を設定します。

2 単元・パフォーマンス課題づくり

2 単元のデザイン

　単元全体の課題を設定したら，次は単元内の各時間の学習を設計します。単元全体の課題を解決するために，単元内で何をどのように扱うか，単元を構造化します。そして，それぞれのゴールを明確にし，各時間の課題を設定します。

1　単元の構造化

　単元の課題を解決するために，単元全体で扱う内容を分類し，配当時間に当てはめていきます。公民的分野の学習では，配当された時間に対して，扱う内容が多いので，網羅的な学習になりがちです。単元全体の課題を解決するためのヒントを各時間でつかんでいくというイメージで設計しましょう。

　例えば，「企業とコラボ！オリジナル商品をつくろう！」という単元全体の課題に対して，第1時で必要なコストと価格の決まり方，第2時で企業形態，第3時で資金調達方法，第4時で販売戦略，という流れで，一時間ごとに一つの視点から学習し，単元全体の課題につなげます。

2　各時のゴールの明確化

　各時間の大まかな分類，配列ができたら，各時間の目標，ゴールを設定します。この各時のゴールが明確になれば，断片的な学習になりません。

　例えば，先ほどの単元では，第4時で企業の販売戦略と企業競争を扱います。ゴールを「企業競争のメリット・デメリットをまとめ，企業の販売戦略を自身の提案に取り入れることができる」と設定します。このゴールに向かうために，企業競争のメリット・デメリットをまとめ，自身の提案に活かせる販売戦略を考えます。

3　各時の課題設定

　各時のゴールが決まれば，各時のパフォーマンス課題を設定します。内容の理解にとどまらず，学習者が意思決定し，取り組みたいと思える課題をつくります。例えば，先ほどの授業では，「他の企業に負けないウリを決めよう！」という課題を設定します。

第1章　オーセンティックな学びを取り入れた授業づくり　4つのポイント　23

2　単元・パフォーマンス課題づくり

3 ポートフォリオづくり

　単元の枠組みができたら，それを授業者だけが知っているのでなく，学習者に知らせる必要があります。単元全体で何をできるようになることが求められ，どのような課題が出され，どのように授業が進んでいくのか，そしてどのように評価されるのかを，事前に学習者が知っていることで，見通しを持って学習することができます。

　本書では，「単元ポートフォリオ」を活用して単元を進めていきます。最近では，「1枚ポートフォリオ」が有名になり，多くの方が実践されていることでしょう。特に，「この形式が一番良い」というものはありません。学習者が学びに向かいやすい形であれば，創意工夫があって良いと思います。

　ここでは，単元ポートフォリオに載せる項目と，筆者が使っているもののレイアウトを一例として紹介します。

1　単元全体の課題

　単元全体の課題を提示します。事前に提示することで，毎時間意識して学習することができます。また，授業以外の時間に課題について調べ，知識を構築することができます。

2　単元全体の課題の評価規準

　評価の規準を事前に学習者に提示します。そうすることで，どのように学び，表現することが求められているのか，達成の規準を明確にして学習を進めることができます。

3　本時の目標

　各時間の本時の目標を提示します。本時の振り返りを行う際に，自分の学びが目標に到達しているか，学びの規準や方向性を確かめることができます。

4　本時の学習で学んだこと，さらに考えたいこと

　各時間の振り返りとして，学んだこと，さらに考えたいことを記述します。この各時間に学んだことを組み合わせることで，単元全体の課題を解決できるようになります。

（ポートフォリオ見本）

社会科 単元ポートフォリオ「学びのもくじとあゆみ」

公民的分野 国際①「紛争のない世界へ」

3年（　）組（　）番 氏名（　　　　　　　　　　　　　）

予測を立てよう！

ロシアのウクライナ侵攻に
対する平和的な解決策を
提案しよう！

学習内容	授業で大切だと思ったことを書こう！
1.「国家と国際社会」 目標：「国家」に関するきまりや 国際社会のルールを説明できる。 学習日：（　）月（　）日	
2.「領土を巡る取り組み」 目標：日本の領土を巡る取り組み を説明できる。 学習日：（　）月（　）日	
3.「国際連合の働きとしくみ」 目標：国際連合のしくみと役割を説明できる。 学習日：（　）月（　）日	

4.「現代における紛争」 目標：現代の紛争と難民、それに 対する取り組みを説明できる。 学習日：（　）月（　）日	
5.「兵器の脅威と軍縮への努力」 目標：軍備縮小への取り組みと 課題を説明できる。 学習日：（　）月（　）日	
6.「グローバル化が進む 　国際社会」 目標：国際社会の課題と、その解 決に向けた取り組みを説明できる。 学習日：（　）月（　）日	
7.「国際社会における 　日本の役割」 目標：国際社会での日本の役割を 説明できる。 学習日：（　）月（　）日	

表面

単元のまとめ

ロシアのウクライナ侵攻を
多面的・多角的にとらえ、
解決策を提案しよう！

裏面

学びの羅針盤	公民的分野	国際① 紛争のない世界へ

＜単元全体の課題＞

ロシアのウクライナ侵攻に対する平和的な解決策を提案しよう！

○評価規準

A	・ロシアのウクライナ侵攻の問題点を、多面的・論理的に指摘できている。 ・ロシアのウクライナ侵攻に対する現実的な平和的解決策を、多角的な視点から提案し、論理的に説明できている。
B	・ロシアのウクライナ侵攻の問題点を、指摘できている。 ・ロシアのウクライナ侵攻に対する平和的解決策を提案できている。
C	B基準が満たされていない。

＜重要用語＞

最重要	主権国家、国際法、国際司法裁判所、国際連合（国連）、安全保障理事会、地域紛争、難民、核抑止、軍縮、地域機構
重要	内政不干渉、領域、領土、領海・領空、領土不可侵、排他的経済水域（EEZ）、国旗、国歌、北方領土、竹島、尖閣諸島、平和維持活動（PKO）、総会、経済社会理事会、拒否権、テロリズム、核兵器、核軍縮交渉、核拡散防止条約（NPT）、国際原子力機関（IAEA）、対人地雷禁止条約、発展途上国、新興国、南北問題、南南問題、ポピュリズム、ヨーロッパ連合（EU）、東南アジア諸国連合（ASEAN）、アジア太平洋経済協力（APEC）、地域主義、日米安全保障条約

3 授業・発問づくり

1 社会科の資質・能力の段階

　授業内で，学習者に問う場面は多くあります。例えば，学習者の興味をひくためにクイズを用いる。これ自体は大切ですが，クイズばかりだと一問一答形式に陥り，学習者は飽きてしまいます。一方で，「なぜ」という問いは，因果関係を問う発問なので，学力をつける上で重要です。しかし，「なぜ」ばかりを問うと，学習者の意欲に差が生まれます。つまり，どうでもいいと思う学習者は学びに向かいません。また，答えを求める問いなので，正解ありきの学習に陥ります。

　このように，発問を無自覚に行うと，授業はうまくいきません。目的に合わせた発問を効果的に用いることで，資質・能力を育成する授業になります。ここでは，発問を効果的に用いるために，発問を類型化します。そのためには，まず目的となる社会科の資質・能力の段階を理解する必要があります。

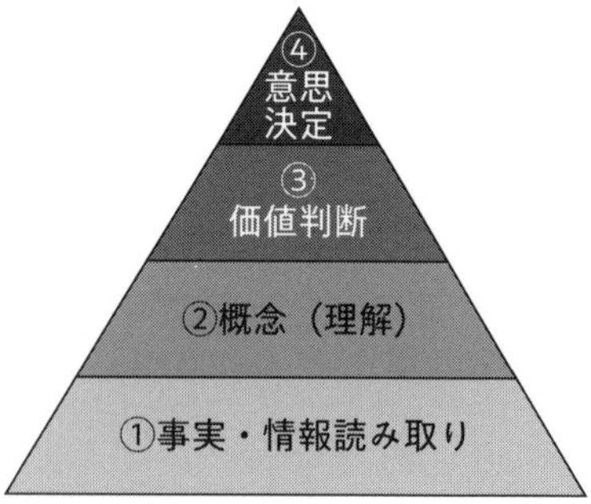

　右の図は，社会科の資質・能力を大まかに段階化したものです。社会科教育学，認知心理学などの理論を参考にしています。

①事実・情報読み取り

　事実を知ることや，資料から情報を読み取る段階です。語句の暗記や一問一答クイズが，この段階に当たります。

②概念（理解）

　個別の事実ではなく，思考の結果として獲得した，他に応用できる概念を理解する段階です。「なぜ」疑問による探究学習などが，この段階に当たります。

③価値判断

　価値を扱い，どちらが望ましいか，判断を求める段階です。対立する意見の背景にある価値を明確にし，どちらの価値が優先されるべきかの判断を問う学習が，この段階に当たります。

④意思決定

　客観的な理解にとどまらずに，自分自身の立場を明確にして，意思決定を行う段階です。どちらかを選んだり，提案したり，課題を解決したりする学習が，この段階に当たります。

3 授業・発問づくり

2 発問の類型化

　資質・能力の4段階に基づいて，発問を類型化します。分類することが目的ではなく，分類することで，授業内の必要な場面で自覚的に発問することが目的です。社会科教育学，認知心理学などの理論を参考に，発問の種類を類型化したのが，下の表です。様々な方面からの指摘は想定されますが，授業者にわかりやすいことを最優先に，分類しています。授業の目的に合わせて，何を，どのように，どの順序で問うのかを考え，授業をデザインします。

表　発問の類型

レベル	番号	発問	発問の具体例
レベル1 事実	1-1	事実を問う	～は何（いつ，どこ，誰）か
	1-2	読み取りを問う	（データより）何が読み取れるか
レベル2 概念（理解）	2-1	原因・理由を問う	なぜ～なのか，～の原因は何か
	2-2	結果・影響を問う	～の結果，どうなったか
	2-3	まとめさせる	まとめると，どうか
	2-4	例を挙げさせる	具体的にはどうか
	2-5	比較させる	どう違うか，どちらが～か
	2-6	分類させる	どうまとめられるか，どの分類か
	2-7	多面的に問う	～の視点ではどうか，複数の視点で考えよう
	2-8	多角的に問う	～の立場ではどうか，複数の立場で考えよう
	2-9	（事実を）評価させる	正しいか，良いか
レベル3 価値判断	3-1	価値明確化	どのような価値に基づくか
	3-2	価値吟味	その価値は優先されるべきか
	3-3	価値判断	どちらが望ましいか
レベル4 意思決定	4-1	意思決定	どちらを選ぶか，どうすればよいか
	4-2	課題解決	どのように解決するか
	4-3	提案	どうすればよいか
	4-4	（事実・価値を）評価させる	正しいか，良いか

〈第2章での表記〉レベル1…📄　レベル2…✏️　レベル3…　レベル4…

3 授業・発問づくり

3 授業の組み立て

　続いて，授業を組み立てます。授業は，ゴール（目的）からの逆算です。どうすれば学習者がゴールに到達できるかを考えて組み立てていきます。

1　ゴールに向かうための骨組みづくり

　まずは，骨組みづくりです。例えば，「日本の税制度の特徴を捉え，その課題に対する解決策を提案する」という授業のゴールで考えましょう。

　税制度の特徴を捉えるためには，税が何のためにあるのか，税にはどのような種類があるのかなどを理解する必要があります。各国と日本を比較することも必要です。これらのパーツを通して，その特徴を捉え，日本の税制度の課題を指摘し，その解決策を考えます。

　このように，課題を解決するために，細かい要素に分類・分解していくことを，「課題分析」と言います。

2　スモールステップ化

　課題を解決するために必要な要素が集まったら，それらを並べ，授業の流れをつくります。例えば，まず「自分が納めている税にはどのようなものがあるだろう？」と問い，消費税など知っている税が挙げられます。次に，それぞれの税の行方を考えます。誰が，どこに納め，それがどのように利用されているのかを学習します。そして，日本と各国の税制度を比較し，日本の税制度の特徴と課題を捉えます。最後に，その課題を解決するための策を考えます。

3　考えたくなる課題

　最後に，学習者が取り組みたくなるように，活動内容や発問の仕方を工夫したり，ネタやクイズを挿入したりして，最後まで学習に向かえるようにします。学習する内容だけでなく，学習意欲もデザインすることが大切です。先ほどの学習の補助として，例えば「税金のかかるもの・かからないものに分類しよう！」という課題を出すことで，税の種類や意味を楽しく学習できます。楽しく，問いの補助となるようなネタ・クイズで，つまずきを予防します。

　次節では，誰一人取り残さず，全員参加・全員に力をつけるためのポイントを解説します。

4 全員に力をつける（誰一人取り残さない）

1 環境のユニバーサルデザイン

　特別支援教育の視点が重視され，ユニバーサルデザインも広く知られるところとなってきています。ユニバーサルデザインは，「全員」にこだわるための最低条件と言えるでしょう。まずは，ユニバーサルデザインで，その集団のみんなにとって取り組みやすい授業をデザインします。次に，ユニバーサルデザインだけでは難しい学習者に対して，集団内で学習しやすい配慮を行います。それでも難しい場合，授業以外の場面を用いて，個別学習が必要となります。このように，集団や学習者の状況に応じて，全員が学びやすい環境をデザインすることも，授業者の大事な仕事です。

　支援というと，手伝ったり，補ったりというイメージがあるかもしれません。しかし，そうではなく，学習者の得意・不得意などの特性を理解し，学習に参加し，力をつけていく支援が必要です。そのためには，次の３つが欠かせません。

1 学習者の特性の理解（アセスメント）

　障がいの有無に関わらず，学習者の得意・不得意などの特性を理解しましょう。「～ができない」で終わるのではなく，「なぜできないのか」，「どうすればできるのか」「得意な面で不得意な面を補えないか」といった視点で，学習者の理解を深めていきます。

2 学習に参加するための支援

　全員が教室で学習しやすくするための支援です。例えば，50分間集中を続けるのが苦手な学習者は多いでしょう。それなら，50分間をいくつかの活動に分けて展開します。また，見通しが持てないと不安な学習者もいます。それなら，授業の目標や流れをあらかじめ提示することで，落ち着いて学習に向かうことができます。

3 力をつけるための支援

　サポートだけでなく，力をつけるための支援も重要です。いきなり「なぜ～なのか」と問われても，答えることが難しい学習者は多いでしょう。それなら，解決できるように，課題を細かな要素に分解し，（課題分析），スモールステップで解決できるように授業を組み立てます。

※詳しくは，拙著『学級経営＆授業のユニバーサルデザインと合理的配慮』（明治図書，2018年）をご覧ください。

第1章　オーセンティックな学びを取り入れた授業づくり　4つのポイント　29

4 全員に力をつける（誰一人取り残さない）

2 学力のユニバーサルデザイン

　授業冒頭で，前時の復習をする授業はよくあります。これ自体が悪いわけではありませんが，方法を間違えると学習者の全員はついてきません。学習が積み上がっていない子からすれば，自分の知らない，わからないことを，授業の最初に突きつけられるので，授業に参加したいと思うわけがないからです。こういった問い・活動を「学力を必要とする問い・活動」と呼びます。これは，学力のある子が参加できる問い・活動であって，そうでない子は参加できません。「学力を必要とする問い・活動」は，「学力差を広げる問い・活動」でもあるのです。

　では，学習者全員が参加できる問い・活動とは，どのようなものでしょうか。それは，「学力を必要としない問い・活動」から始め，学習を通して力をつけていくことです。「授業ネタ」で有名な河原和之先生は，これを「学力のユニバーサルデザイン」と呼んでいます。学力的にしんどい子でも参加しやすい，むしろそういった子が授業を引っ張っていけるような問い・活動，授業の雰囲気が，全員が学びやすい環境を生むのです。まさに「学力のユニバーサルデザイン」と言えるのです。学力のユニバーサルデザインのポイントを，2つ紹介します。

1　知識（学習知）を必要としない導入

　知っていないとできない問いは，授業，特に導入にはふさわしくありません。例えば，クイズを出す場合，学習者の興味・関心のあるものや，日常の経験から答えられるものを用います。選択肢方式にして，勘でも参加できるものも良いでしょう。また，数字を用いると，具体的で考えやすくなります。そのような問いから，学習内容に迫るように，組み立てましょう。

2　矛盾・意外性，葛藤，切実性のある題材

　単発のクイズばかりでは，学習者は飽きてしまいます。学習者を前のめりにさせる，学習に向かうしかけが必要です。矛盾や意外性は，「普通～だろう」と思っているのに，予想外の結果が起こり，「うそ！どうして？」と考えたくなります。学習の得意な子が間違えて，苦手な子が正解するという逆転現象も起こります。

　葛藤や切実性は，考えたくなる，解決したくなる課題です。どちらを選んでもメリット・デメリットのある葛藤課題や，学習者に直接つながる課題や，正義などに関わる課題は，切実性の高い課題です。これらの問い・活動によって，学習者が学びに熱中するようになります。

4 全員に力をつける（誰一人取り残さない）

3 意欲のデザイン

　学習を進める上で，意欲的に学習に向かわせるのも，授業者の大事な仕事です。意欲的に取り組ませようと思うと，すぐに思い浮かぶのは，「興味のありそうな話をしよう」や「びっくりする内容を取り入れよう」などのようなネタやパフォーマンスが中心ではないでしょうか。しかし，それだけでは，学習者はそのときは楽しく意欲的になっても，それが終わると意欲を失ってしまいます。また，ネタやクイズに飽きてしまうことも，よくあることです。意欲を単発でなく，学習の間継続できるようにデザインすることが求められます。

　そこで，ケラーの提唱する ARCS モデルに注目します。ARCS モデルとは，学習意欲に関わる 4 つの要因に着目し，その 4 つを適切にデザインすることで，学習意欲を高め，効果的な学習に導くためのモデルです。4 つの要因は，注意（A），関連性（R），自信（C），満足感（S）です。

①**注意（Attention）**…学習者の関心をつかみ，学ぶ好奇心を刺激することです。例えば，視覚情報で伝えたり，具体例を用いたり，人物に焦点を当てたり，矛盾や葛藤を引き起こしたりすることで，学習者の注意をひき，好奇心を刺激することができます。

②**関連性（Relevance）**…学習者の個人的なニーズや目標と関連づけることです。例えば，生活の中で経験すること（生活知）とつなげたり，学習したこと（既知）とつなげたり，協働学習を取り入れたり，学ぶ価値があると捉えさせたりすることで，自分自身と学習内容を肯定的に関連づけ，意欲的に学習するようになります。

③**自信（Confidence）**…学習者が成功できる，もしくは成功できそうだと実感する手助けをすることです。例えば，課題の難易度を調整したり，見通しを持たせてできると思えるように工夫したり，活動ごとにフィードバックを与えたりすることで，自信を持って学習を継続することができるようになります。

④**満足感（Satisfaction）**…（内的・外的）報酬によって，達成感を強化することです。例えば，学習の成果に対して賞賛（ほめるなど）したり，学習したことを他のものに転用する機会を与えたりすることで，満足感を持って次の学習に向かうことができるようになります。

　ARCS モデルを取り入れ，学習者の意欲を意図的にデザインしましょう。

第 1 章　オーセンティックな学びを取り入れた授業づくり　4 つのポイント　31

4　全員に力をつける（誰一人取り残さない）

4 全員に力をつけるための授業デザイン

　ここまでの内容を踏まえ，誰一人取り残さず，全員に力をつけるオーセンティックな学びに近づけるために，大事にしたいポイントをまとめたのが，下の表です。

授業全体	・オーセンティックな課題を中心に学習を組み立てる。 ・授業をいくつかの活動に分けて，展開する。
導入	・クイズなど，興味・関心のあるネタで学習に向かわせる。 ・見通しを持てるように，授業の目標や流れを提示する。
展開	・協働学習で，学び合い，意見を出し合う。 ・スモールステップの展開で，ゴールに到達しやすくする。
まとめ	・本時のパフォーマンス課題で，授業で学んだことを活用する。 ・ポートフォリオを用いて，学習したことを振り返り，次の学習に活かす。
単元全体 の課題	・現実社会につながる課題，自分の意見を問う課題を設定する。 ・単元全体の課題を先に提示し，学習の意味づけをする。 ・単元ポートフォリオを用いて，学習の見通しやつながりを持たせる。

　本章では，オーセンティックな学びについて解説し，公民的分野の学習をどのように行うのかを示しました。また，学習者の視点から，全員に力をつけるための視点も示しました。

　次章では，実践編として，公民的分野の学習の全単元の単元プランと，単元内のいくつかの授業プラン，そして授業で用いるワークシートを紹介します。

【本章の参考文献一覧】

David Harris and Michael Yocum, Powerful and Authentic Social Studies, National Council for the Social Studies, 2000.

拙著「Powerful and Authentic Social Studies における教師の専門性の開発―社会科授業の評価基準に着目した分析研究―」大阪教育大学『社会科教育学研究』第10号，2012年，pp.1-10.

拙著『学級経営＆授業のユニバーサルデザインと合理的配慮』明治図書，2018年

拙著『経済視点で学ぶ歴史の授業』さくら社，2020年

グレゴリー・マンキュー『マンキュー入門経済学［第2版］』東洋経済新報社，2014年

R. J. マルザーノ他『教育目標をデザインする』北大路書房，2013年

J. M. ケラー『学習意欲をデザインする』北大路書房，2010年

文部科学省『中学校学習指導要領（平成29年告示）解説 社会編』東洋館出版社，2018年

オーセンティックな学びを取り入れた授業を成功させるためのチェックリスト

ポイント1 カリキュラムづくり	1．知識の構築	①課題解決のために，情報をまとめる学習になっているか	✓
		②知識の伝達でなく，思考を重視した学習になっているか	
		③多面的・多角的に考える学習になっているか	
	2．学問に基づく（鍛錬された）探究	④重要な概念を理解することを求める学習になっているか	
		⑤複数の学問の考えを取り入れる学習になっているか	
		⑥議論する時間・必要のある学習になっているか	
	3．学校を超えた価値	⑦社会とつながる課題となっているか	
		⑧社会とつながる学習方法となっているか	
		⑨社会とつながる評価方法となっているか	
	4．学習者のハードル	⑩その学習はおもしろそうか（興味・関心のハードル）	
		⑪できそうか，やる意味はあるか（メタ認知のハードル）	
		⑫うまくできたか,やった価値はあったか(達成感のハードル)	
	5．オーセンティックな公民的分野の学習	⑬4つのパターンのいずれかの学習になっているか	
		⑭公民的分野の学習ポイントを意識した学習になっているか	
ポイント2 単元・パフォーマンス課題づくり	1．単元全体の課題づくり	①単元の学習内容を満たす課題になっているか	
		②「本質的な問い」につながる課題になっているか	
		③現代社会とつながる課題になっているか	
	2．単元のデザイン	④単元が適切に構造化されているか	
		⑤各時間のゴールが明確化されているか	
		⑥各時間の課題が適切に設定されているか	
ポイント3 発問・課題づくり	1．資質・能力	①社会科の資質・能力の段階を意識した目標となっているか	
	2．発問の類型	②発問の類型を意識した授業デザインとなっているか	
	3．授業の組み立て	③ゴールに向かうための骨組みづくりはできているか	
		④授業内の課題がスモールステップ化されているか	
		⑤考えたくなる課題を授業に取り入れているか	
ポイント4 全員に力をつける（取り残さない）	1．環境のユニバーサルデザイン	①学習者の特性を理解（アセスメント）できているか	
		②学習に参加するための支援は考えられているか	
		③力をつけるための支援は考えられているか	
	2．学力のユニバーサルデザイン	④知識（学習知）を必要としない導入になっているか	
		⑤矛盾・意外性，葛藤，切実性のある題材になっているか	
	3．意欲のデザイン	⑥関心をつかみ，学ぶ好奇心を刺激する授業となっているか	
		⑦学習者のニーズや目標と関連づける授業となっているか	
		⑧できる，できそうだと思える授業となっているか	
		⑨達成感を得られる授業となっているか	

第1章　オーセンティックな学びを取り入れた授業づくり　4つのポイント　33

第2章

オーセンティックな学びを取り入れた授業展開＆ワークシート

Authentic Achievement

×

Civics

単元 1

現代社会の課題への解決策を提案しよう！

単元構成のねらい

　本単元は，公民的分野の最初の単元である。第1時では，公民的分野の導入として位置づけ，これから学ぶことと自分・社会とのつながりを捉えさせたい。次に，第2時は新旧万博の比較によって過去と現代社会を比較し，第3時は現代社会を捉える視点である「情報化」「グローバル化」「少子高齢化」の観点から，第4時は「文化」の観点から学習する。そして，単元で学習したことをもとに，現代社会の課題を捉え，自身のまちを調査し，課題の解決策を提案する。

単元の概念構造

〈本質的な問い〉社会構造の変化が起きると，どのような課題が起こり，どう解決すべきか？

〈単元の問い〉現代社会には，どのような特徴と課題があり，どのように解決することが求められるか？

〈考えさせたい視点〉

・情報化：ICT や SNS の普及，AI 技術の進歩などにより，社会全体が大きく変化している。

・グローバル化：人やモノの国際化・多様化が進み，異文化理解・多文化共生が求められる。

・少子高齢化：人口構成が変化し，社会構造の変化が求められる。

オーセンティックな学びに近づけるポイント

知識の構築	自分のまちの課題を解決するために，学習した視点をもとに多面的・多角的に考えて情報をまとめ，知識を構築する。
学問に基づく探究	資料をもとに，現代社会の特徴である「情報化」「グローバル化」「少子高齢化」の視点から自分のまちを分析し，その課題の解決に向けて探究する。
学校を超えた価値	自分のまちの課題の解決策を提案することは，現実社会を対象とし，価値のあるオーセンティックな課題である。

単元全体の課題設定のねらい

　本単元全体の課題は，現代社会の特徴を踏まえた上で，自身のまちの課題を調査し，その課題に対する解決策を提案するものである。子どもたちの提案を，行政や地域の方に発信する機会や，協働で取り組む場があれば，さらにオーセンティックな学びとなる。

36　〈現代社会〉

単元構成

単元全体の課題	現代社会の特徴を説明し，自分のまちの特徴と課題を調査し，課題の解決策を提案しよう！ 【オーセンティックB】 `4-3 提案`

パフォーマンス課題	○主発問 ・サブ発問（課題）
❶どうして公民的分野を学習するのか，小学生に説明しよう！ 【オーセンティックD】 `2-3 まとめ`	○どうして公民的分野を学習するのだろう？ ・「お前がやったんだ」の文章の中で，おかしいなと思うことを挙げよう！（※菅間実践） ・おかしいと考える根拠を，憲法の条文から探そう！ `2-1 原因・理由` ・憲法は誰のためのもので，誰が守るものだろう？ `2-3 まとめ`
❷万博を開くことに賛成？反対？ 【オーセンティックB】 `4-1 意思決定`	○万博などのイベントは，社会にどのような影響を与えるのだろう？ `2-2 結果` ・1970年万博クイズ→どうして万博を開いたのだろう？ `2-1 原因・理由` ・万博を開いたことによるメリット・デメリットをまとめよう！ `2-7 多面的` ・2025年万博クイズ→どうして万博を開くのだろう？ `2-1 原因・理由` ・万博を開くことによるメリット・デメリットをまとめよう！ `2-7 多面的`
❸「情報化」「グローバル化」「少子高齢化」から1つ選び，課題への解決策を提案しよう！ 【オーセンティックC】 `4-3 提案`	○「情報化」「グローバル化」「少子高齢化」によって，社会はどのように変化しているだろう？ `2-2 結果` （グループごとに「情報化」「グローバル化」「少子高齢化」を分担し，学習する） ・資料から，現代社会の特徴と変化をまとめよう！ `2-3 まとめ` ・どのような課題があるのだろう？ `2-9 評価` ・どうしてそのような課題があるのだろう？ `2-1 原因・理由` ・どのように解決すべきだろう？ `4-2 課題解決`
❹衣・食・住・娯楽から1つ選び，世界に広めたい日本の文化をアピールしよう！【オーセンティックD】 `4-3 提案`	○異文化理解・多文化共生は，どのように実現すべきだろう？ ・他の国の文化を理解するには，どのようなことが大切だろう？ ・日本の文化と，日本以外の国の文化を書き出そう！ `2-5 比較`
❺自分のまちの特徴と課題を調査し，課題の解決策をまとめよう！ 【オーセンティックB】 `4-3 提案`	・自分のまちの特徴を調べよう！ `2-3 まとめ` ・自分のまちの課題は何だろう？ `2-9 評価` ・どうしてそのような課題があるのだろう？ `2-1 原因・理由` ・自分のまちの課題は，どのように解決すればよいだろう？ `4-2 課題解決`
❻自分のまちの特徴と課題を調査し，課題の解決策を提案しよう！ 【オーセンティックB】 `4-3 提案`	・前時でまとめた課題の解決策を発表しよう！ ・自分のまちの課題の重要度を投票しよう！ ・それぞれの解決策に対して，質問や意見を出し合おう！ ・質問や意見をもとに，修正案を提案しよう！

【本単元の参考文献】

菅間正道「お前が殺人犯だ！と言われたら」河原和之編著『主体的・対話的で深い学びを実現する！100万人が受けたい社会科アクティブ授業モデル』明治図書，2017年，pp.132-135

第2章　オーセンティックな学びを取り入れた授業展開＆ワークシート　37

現代社会の課題への解決策を提案しよう！ ❷

▶ 単元内の位置付け

　本時では，1970年と2025年の万博を切り口に，社会の変化とその影響を考える。万博による社会の変化は時代で異なるが，開催にはメリット・デメリットがある。万博の開催を論点に議論を行うことで，社会的論争問題について考える。

▶ 指導言でわかる！授業の流れ

(1) クイズ 1970年万博のＣＭを視聴し，1970年万博クイズ

　　①アメリカ合衆国の目玉展示は？→月から持ち帰った「月の石」。当時は，アメリカとソ連が宇宙開発競争をしていた。

　　②次の中で，大阪万博の時期にできたものはどれ？Ａ：モノレール，Ｂ：動く歩道，Ｃ：携帯電話　→すべて正解。当時の社会の変化が読み取れる。

　　③大阪万博のテーマは，「人類の（？）と（？）」何が入る？→「人類の進歩と調和」このテーマからも，産業・技術の発展と，平和共存，環境問題という，当時の社会が読み取れる。

(2) 発問 どうして万博を開いたのだろう？　　　　　　　　　　　　🖊 2-1 原因・理由

　　→（例）「日本の発展をアピールしたい。」「万博を開くことで開発を進めたい。」など

(3) 活動 万博を開いたことによるメリット・デメリットをまとめよう！　🖊 2-7 多面的

　　メリット：（例）社会インフラの整備が進んだ。産業・技術が発展した。など

　　デメリット：（例）環境への課題がより深刻となった。など

(4) クイズ 2025年万博のＣＭを視聴し，2025年万博クイズ

　　①何が入るだろう？「人と共存する○○」→ロボット

　　②何が入るだろう？「空飛ぶ○○」→クルマ

　　③大阪・関西万博のテーマは？→「いのち輝く未来社会のデザイン」

(5) 発問 どうして万博を開くのだろう？　　　　　　　　　　　　　🖊 2-1 原因・理由

　　→（例）「万博を開くことで，たくさんの人に来てもらい，経済を活性化させたい。」など

(6) 活動 万博を開くことによるメリット・デメリットをまとめよう！　🖊 2-7 多面的

　　メリット：（例）来日・来阪者を増やし，経済を活性化できる。など

　　デメリット：（例）多くの税金が使われ，他の用途に使えなくなる。など

(7) パフォーマンス課題 万博を開くことに，賛成？反対？　　　　　❗ 4-1 意思決定

　　今回の大阪・関西万博に絞る議論でも，広く万博開催の是非を問う課題でも可能である。今回の万博に絞れば，現状に対する具体的・現実的な議論になる。一方で，広く問えば，これまでの歴史や，これからの未来を含めた理念を重視した議論となる。

現代社会の課題への解決策を提案しよう！ ②

目標 万博による社会の変化とその影響を説明できる。

【活動１】1970年万博を開いたことによるメリット・デメリットをまとめよう！

メリット	デメリット

【活動２】2025年万博を開くことによるメリット・デメリットをまとめよう！

メリット	デメリット

【パフォーマンス課題】万博を開くことに，賛成？反対？

立場	理由	別の立場の意見への反論
賛成 ・ 反対		

現代社会の課題への解決策を提案しよう！ ❹

▶ 単元内の位置付け

　本時では，多様性を認め合い，異文化理解・多文化共生の必要性を考えた上で，日本の文化を世界に伝える学習を行う。はじめの活動では，お互いの文化を知らないことによるトラブルや葛藤を扱い，異文化理解の必要性を考える。次に，様々な国の文化と日本の文化を比較し，多様性に気づく。そして，お互いをより理解するために，日本の文化を世界に発信する。

▶ 指導言でわかる！授業の流れ

(1) 活動 ワークシートの文章を読んで，下の①〜③を考えよう！

　①弁当の蓋を閉じたとき，Aさんはどんな気持ちだったのだろう？

　→「自分の楽しみにしていたもの（日本の食事文化）を否定されて，悲しい気持ちになった。」など

　②Bさんは，どうして「変だ！」と言ったのだろう？

　→「のりを見たことがなく，黒いものを食べる文化がなかったから，変だと思った。」など

　③Cさんは何と言っただろう？「　　　　」に入る言葉を考えよう！

　→「これはのりと言って，日本ではごはんと一緒に食べるそうだよ。おいしいらしいよ。」

(2) 発問 国や地域には，それぞれ文化や風習があります。他の国の文化を理解するには，どのようなことが大切だろう？

　→「まずは，相手の文化を知ること。」「自分たちとは違う文化でも，相手の立場に立って受け止めること。」「自分たちとは違うけど，その人たちにとっては大事なことかもしれないと考えること。」など

(3) 活動 日本の文化と，日本以外の国の文化を書き出そう！　　　　✐ 2−5 比較

(4) パフォーマンス課題 衣・食・住・娯楽から１つ選び，世界に広めたい日本の文化をアピールしよう！　　　　❗ 4−3 提案

　ジャンルを選び，日本の文化を世界に発信する課題である。SNSを用いたり，現代の文化と日本の伝統文化を融合させたり，日本と海外の文化を融合させるなど，多様な方法で発信する。可能であれば，成果物を学校外に発信したい。

現代社会の課題への解決策を提案しよう！ ④

目標 世界と日本の文化とその違いを知り，文化を伝え合うことができる。

【活動１】次の文章を読んで，下の①～③を考えよう！

アメリカの学校のランチタイムです。
日本からの留学生Ａさんのお弁当には，ごはんの上にのりがしかれていました。Ａさんは，のりのお弁当を見て，とてもうれしい気持ちになりました。
周りで見ていたＢさんは，真っ黒なのりに驚き，「変だ！」「おかしい！」「おいしくなさそう！」と言いました。Ａさんは，弁当の蓋をそっと閉じました。
それを見ていたＣさんは，「」と言いました。

①弁当の蓋を閉じたとき，Ａさんはどんな気持ちだったのだろう？	
②Ｂさんは，どうして「変だ！」と言ったのだろう？	
③Ｃさんは何と言っただろう？「　　　」に入る言葉を考えよう！	

【活動２】日本の文化と，日本以外の国の文化を書き出そう！

分野	日本	日本以外
衣服		
食事		
住居		
娯楽		

【パフォーマンス課題】
衣・食・住・娯楽から１つ選び，世界に広めたい日本の文化をアピールしよう！

（分野）	（文化）	（アピール内容）

単元 **2**

社会をみる視点を養おう！

単元構成のねらい

　本単元では，社会を捉えるための枠組みを学習する。「対立と合意」，「効率と公正」を軸に，意見の対立する課題を解決する。また，「視点の明確化」と「価値の明確化」を本単元で養うことで，後の学習に活かしたい。「視点の明確化」では，多面的・多角的に考えるために，立場を明確にし，どの視点からの意見なのかを明確にする。「価値の明確化」では，意見の背後にある価値を明確化することで，対立する意見を調整するための手がかりとする。さらに，行動経済学の「ナッジ」の視点を取り入れることで，今後も解決策を考える手がかりとする。

単元の概念構造

〈本質的な問い〉より良い社会をつくるために，どのような視点で判断・行動することが必要なのだろう？

〈単元の問い〉課題を解決するために，どのように判断・行動すべきなのだろう？

〈考えさせたい視点〉

・効率と公正：全体で無駄がなく，みんなにとって公平・公正な方法を検討する。

・民主的価値：意見や行動には，その背後に価値が存在する。社会的課題に対しては，より多くの人が納得する価値を重視し，それが満たされる方法を検討する。

・ナッジ：強制ではなく，人が行動しやすくなる方法を考えることで，解決に導く。

オーセンティックな学びに近づけるポイント

知識の構築	校内の課題を解決するために，それまでの活動で学習した視点，見方・考え方を活用し，情報をまとめ，知識を構築する。
学問に基づく探究	効率と公正，民主的価値，ナッジなどの視点から課題を分析し，より良い解決策を協働で検討する。
学校を超えた価値	学校内の活動であるが，校内の生活に影響を与える課題である。同様の視点で校外の課題を扱えば，よりオーセンティックな課題となる。

42　〈現代社会〉

単元全体の課題設定のねらい

　本単元全体の課題は，学習のための学習にとどまらず，実際の生活に影響を与える課題となっている。本課題で提案した内容を，生徒会や校長に提案し，現状を改善する取り組みにつなげる。また，本課題は校内にとどまる課題であるが，地域に起こる課題にすれば，現実の社会に価値のある，よりオーセンティックな課題となる。

単元構成

単元全体の課題	校内の課題を解決するプランを提案しよう！ 【オーセンティックB】 4-3 提案

パフォーマンス課題	○主発問　・サブ発問（課題）
❶万博の費用は，誰が負担すべきだろう？（※小谷実践） 【オーセンティックC】 2-7 多面的　2-8 多角的 4-4 評価	○意見が対立するとき，どのように合意に向かえばよいだろう？　2-3 まとめ ・どう分けるのが，いいだろう？（モラルジレンマ教材） ・その意見は，どのような価値に基づくだろう？　3-1 価値明確化 ・国道425号線は，どうして工事が進まないのだろう？効率と公正の視点で考えよう！（※河原実践）　2-1 原因・理由　2-7 多面的
❷「学校のシンボルデザインが消える!?」景観条例を踏まえた学校の建物のデザインを考えよう！ 【オーセンティックA】 4-3 提案	○法などのきまりは，どのような価値に基づいてつくられ，どのように向き合えばよいのだろう？ ・景観条例により，本校の建物のカラフルなデザインをなくすという案が出ている。賛成できる？ ・景観条例について調べよう！ ・景観条例を踏まえた，学校の建物のデザインを考えよう！　4-3 提案
❸校内の課題を1つ選び，効率と公正，ナッジの視点を取り入れた解決プランを提案しよう！ 【オーセンティックA】 4-3 提案	○どのようにすれば強制ではなく，人を動かすことができるだろう？　2-3 まとめ ・ナッジクイズ ・次の行動を促すための「ナッジ」を考えよう！　2-4 例示
❹校内の課題を1つ選び，効率と公正，ナッジの視点を取り入れた解決プランを提案しよう！ 【オーセンティックA】 4-3 提案	・グループごとに，解決プランを提案しよう！ ・クラスで投票し，グランプリを決めよう！ ・クラスで決まった解決プランをより良くするための案を出し合おう！

【本単元の参考文献】
キャス・サンスティーン『ナッジで，人を動かす』NTT出版，2020年
河原和之『100万人が受けたい！見方・考え方を鍛える「中学公民」大人もハマる授業ネタ』明治図書，2019年
小谷勇人「大阪・関西万博の費用は，だれが負担する？」梶谷真弘編著『見方・考え方を鍛える！学びを深める中学公民授業ネタ50』明治図書，2024年，pp.98-99
荒木紀幸監修，道徳性発達研究会編『モラルジレンマ教材でする白熱討論の道徳授業＝小学校編』明治図書，2012年

第2章　オーセンティックな学びを取り入れた授業展開＆ワークシート　43

社会をみる視点を養おう！ ❶

▶ 単元内の位置付け

本時では，「効率と公正」という視点で，物事を分析し，判断する力をつけることを目的とする。事例は，社会で起こる事例でも，日常生活の事例でも構わない。本時で学習した効率と公正の見方・考え方を，後の学習で活用できるようにする。

▶ 指導言でわかる！授業の流れ

(1) 活動 どう分けるのが，いいだろう？（モラルジレンマ教材）

・ワークシートの文章を読み，どのように分けるかを考え，分け方と理由を記述する。

→（例）「みんながんばったんだから，2つずつあげる」「荷物を運んだ量に合わせて，くまさん3，うさぎさん2，ねずみさん1にする」「ねずみさんのからだでは2つも食べられないから，からだの大きさで，くまさん3，うさぎさん2，ねずみさん1にする」など

(2) 発問 その意見は，どのような価値に基づくだろう？　　　　　? 3-1 価値明確化

→（例）「均等に2つずつ分けるのは，公平」「荷物を運んだ量に合わせるのは，合理的」「からだの大きさに合わせるのは，幸福度が同じになる」など。

(3) クイズ 国道425号線，どんな道だろう？→「国道だから大きそう」

国道425号線の写真を提示。「ひどい道」「これでは通れない」

(4) 発問 国道425号線は，どうして工事が進まないのだろう？効率と公正の視点で考えよう！

（※河原実践）　　　　　　　　　　　　　🖊 2-1 原因・理由　🖊 2-7 多面的

→効率の視点：（例）多くの人が利用する道を優先してきれいにすべき。

→公正の視点：（例）利用する人が少なくても，利用する人が困るからきれいにすべき。

(5) パフォーマンス課題 万博の費用は，誰が負担すべきだろう？誰（政府・大阪府・大阪市・経済界・企業・その他）が何％負担するかをグラフで表し，配分の理由を書こう！

（※小谷実践）　　　　　　🖊 2-7 多面的　🖊 2-8 多角的　❗ 4-4 評価

前単元で学習した万博の費用を誰が負担するのかを考える課題である。効率と公正の視点で，誰に利益があるのか，誰が負担するのが公正か，などを考慮して決める。はじめは，素朴な意見を出させ，途中で実際の内訳を提示し，それが妥当かどうかを評価することで，学びが深まる。

社会をみる視点を養おう！　①

目標 「効率と公正」の視点を用いて，分析・判断することができる。

【活動１】どう分けるのが，いいだろう？

　あらいぐまさんは，引っ越しをすることになりました。でも，荷物が多くて困っています。そこで，ともだちのねずみさん，うさぎさん，くまさんに，手伝ってもらうことにしました。手伝ってもらうお礼に，まんじゅうをあげる約束をしました。

　みんな一生懸命，荷物を運びました。からだの小さなねずみさんは，小さな荷物を運びました。中くらいのうさぎさんは，中くらいの荷物を運びました。からだの大きなくまさんは，大きな荷物を運びました。

　そして，荷物を全部運び終わりました。あらいぐまさんは，約束通り，みんなにまんじゅうをあげます。まんじゅうは，全部で６つあります。あらいぐまさんは，どう分ければいいでしょうか？

（分け方）	（理由）

【活動２】その意見は，どのような価値に基づくだろう？

【活動３】国道425号線は，どうして工事が進まないのだろう？
効率と公正の視点で考えよう！

効率の視点	
公正の視点	

【パフォーマンス課題】万博の費用は，誰が負担すべきだろう？誰（政府・大阪府・大阪市・経済界・企業・その他）が何％負担するかをグラフで表し，配分の理由を書こう！

0％　　　　　　　　　　　　　　　　50％　　　　　　　　　　　　　　　　100％

（配分の理由）

45

社会をみる視点を養おう！ ❸

▶ 単元内の位置付け

　本時では，行動経済学のナッジの視点を用いて，校内の課題の解決策を考える。「強制ではなく，デザインや枠組みによって行動を促す」という考えを学習し，身近な事例で活用することで，今後の学習にも活かせるようにする。

▶ 指導言でわかる！授業の流れ

(1) クイズ ナッジクイズ

　「みなさんは，知らない間に，誰かにコントロールされているかもしれません。」

　①玄関やレジ前などにある足型の写真を提示し，「これは，何のためにあるでしょう？」

　→（例）「そこに靴をそろえてもらうため」「その場所に並んでもらうため」など

　②電化製品などの3種類の値札の写真を提示し，「どれを買いますか？」

　→（例）「性能がよくわからないから，**無難に値段が真ん中の商品**かな」など

　「2種類だと高く見えてしまうので，もう1つ高い商品を置いておくことで，値段が真ん中の商品を買ってもらおうと誘導しているのです。」

　「このように，強制するのではなく，相手に気づかれないうちに，相手の選択を誘導することを『ナッジ』と言います。」

(2) 活動 次の行動を促すための「ナッジ」を考えよう！　　　　　　　🖊 2−4 例示

　①ごみをごみ箱に捨てるように促すための「ナッジ」を考えよう！

　→（例）「ごみを入れたら音が鳴るようにする」「ごみ箱をバスケットゴールのようなデザインにする」など

　②本をきれいに並べるように促すための「ナッジ」を考えよう！

　→（例）「並べたら絵になるように，本の側面に絵を描く」「本が並んだらきれいなように，本棚に絵を描く」など

(3) パフォーマンス課題 校内の課題を1つ選び，効率と公正，ナッジの視点を取り入れた解決
プランを提案しよう！　　　　　　　　　　　　　　　　　　　❗ 4−3 提案

　右のワークシートを配布し，活動手順と，発表内容を説明する。次時に，それぞれの校内の課題の解決プランを発表し，グランプリを決定する。そして，クラスでグランプリの案の修正すべき点を検討する。授業後，クラスの案を生徒会で提案したり，校長に意見書を提出したりするなどの方法で，取り組みを進めていく。

社会をみる視点を養おう！ ③

目標 ナッジの視点を用いて，身近な課題の解決策を提案することができる。

【パフォーマンス課題】校内の課題を１つ選び，効率と公正，ナッジの視点を取り入れた
解決プランを提案しよう！

【活動手順】

１時間目	①解決すべき，校内の課題を１つ決める。 ②校内の課題を解決するための方法を考える。 ③予想される効果を考える。
２時間目	④グループごとに，解決プランを提案する。 ⑤クラスで投票し，グランプリを決める。 ⑥クラスで決まった解決プランをより良くするための案を出し合う。
授業後	⑦各クラスの解決プランを，生徒会長に提案する。 ⑧１つの解決プランを一定期間実施し，効果を検証する。 ⑨実施した解決プランの効果が認められれば，本格的に校内で実施する。

【校内の課題の解決策】

タイトル	
校内で改善 したい課題	
方法	
予想される 効果	

単元 3

日本国憲法から日本の未来を考える

単元構成のねらい

　本単元は，政治の分野の最初の単元である。歴史的分野で学習した内容と重なる部分も多い。しかし，歴史学習と異なり，民主主義と立憲主義を中心テーマとして学習する。また，理念や概念と現実の間に起こる課題によって揺さぶりをかけ，現実社会の課題解決の難しさを実感した上で，これからの日本や世界の歩むべき道を考える。

単元の概念構造

〈本質的な問い〉民主主義，立憲主義は，人々を幸せにするのだろうか？
〈単元の問い〉民主主義，立憲主義は，どのように実現すべきだろう？
〈考えさせたい視点〉
・立憲主義：憲法によって国家権力を統制し，法に基づく政治を行う。
・人民主権：主権は国民にあり，人は生まれながらにして人権を有する。
・民主政治：民主主義に基づく政治であるが，方法によっては独裁を招いてしまう。
・平和主義：対立や争いの解決手段として武力を用いない。その実現に向けては，様々な努力が必要となる。

オーセンティックな学びに近づけるポイント

知識の構築	理念と現実との間の課題を解決するために，多面的・多角的に考察し，知識を構築する。
学問に基づく探究	民主主義・立憲主義などの考えをもとに，課題を分析し，より良いあり方を検討する。
学校を超えた価値	自分自身と距離のある課題であるが，現実社会の課題を扱うため，オーセンティックな課題である。

単元全体の課題設定のねらい

　本単元全体の課題は，単元前半で学習する民主主義と立憲主義，後半で学習する日本国憲法の理念をもとに，現実に起こる課題と照らし合わせながら，日本や世界の進むべき道を提案するものである。現実社会の課題を扱うため，オーセンティックな課題であるが，自分自身との距離のある課題であるため，自分事として捉えさせることが重要である。

48　〈政治〉

単元構成

単元全体の課題	日本や世界の現状を見て，日本国憲法の理念に基づいた課題は何だろう？課題を指摘し，進むべき道を提案しよう！【オーセンティックC】 4−3 提案

パフォーマンス課題	○主発問　・サブ発問（課題）
❶人による支配をしている国王に，法の支配の必要性を訴えよう！【オーセンティックD】 2−3 まとめ	○憲法とは，何だろう？　2−3 まとめ ・ランチタイムのお店を決めよう！（※宮本実践） ・それぞれの決定方法のメリット・デメリットをまとめよう！　2−7 多面的 ・それぞれの決定方法は，どのような価値に基づくだろう？　3−1 価値明確化 ・多数決で決めてよいこととよくないことの基準を考えよう！　2−5 比較 ・（映画『アラジン』を視聴し）ジャスミンとアラジンは，どうして結婚できないのだろう？（※玉木実践）　2−1 原因・理由 ・（映画『アラジン』国王が法律を変える場面を視聴し）ハッピーエンドだが，国王が勝手に法律を変えることができると，どんな問題が起こるだろう？　2−2 結果
❷ナチスの事例から，現代社会に向けて，民主政治の課題と対策を訴えよう！【オーセンティックC】 4−2 課題解決	○民主政治は，万能なのだろうか？　2−9 評価 ・法律クイズ：いつ，どこの法律だろう？ ・人権獲得の歴史をまとめよう！　2−3 まとめ ・人権獲得の歴史の中で，一番大きな変化はどれだろう？　2−9 評価 ・ワイマール憲法という民主的な憲法の下で，どうしてナチスの独裁が生まれたのだろう？　2−1 原因・理由
❸歴史新聞で，日本国憲法の「ウリ」を１つ選び，当時の国民に説明しよう！【オーセンティックD】 2−3 まとめ	○日本国憲法には，どのような特徴があるだろう？　2−3 まとめ ・『檻の中のライオン』→ライオンに正しく政治を行ってもらうには，どうする？ ・日本国憲法と大日本帝国憲法を比較しよう！　2−5 比較 ・日本国憲法の三大原理を説明しよう！　2−3 まとめ ・テーマごとに分かれて，日本国憲法と世界の憲法をそれぞれ比較しよう！　2−5 比較
❹小学生からの質問，「天皇ってなに？」に答えよう！【オーセンティックD】 2−3 まとめ	○「主権」とは何で，「天皇」はどのような存在なのだろう？ ・学校の授業料と教科書は，いつから，どうやってタダになったのだろう？ ・どうして教科書無償化は，実現できたのだろう？　2−1 原因・理由 ・「主権」とは，何だろう？　2−3 まとめ ・「天皇」とは，何だろう？　2−3 まとめ ・第二次世界大戦後，どうして天皇は存続したのだろう？　2−1 原因・理由
❺小学生からの質問，「自衛隊って軍隊じゃないの？」に答えよう！【オーセンティックD】 2−3 まとめ	○平和の実現に向けて，必要なことは何だろう？　4−2 課題解決 ・世界国防費ランキングクイズ→どうして「戦争放棄」の日本の国防費が高いのだろう？　2−1 原因・理由 ・自衛隊は，どのような仕事をしているのだろう？　2−3 まとめ ・これからの日本に求められる，平和主義のあり方とは何だろう？　3−3 価値判断　4−2 課題解決

【本単元の参考文献】
宮本一輝「ランチのお店を決めよう」梶谷真弘編著『見方・考え方を鍛える！学びを深める中学公民授業ネタ50』明治図書，2024年，pp.42-43
楾大樹『檻の中のライオン』かもがわ出版，2016年

第2章　オーセンティックな学びを取り入れた授業展開&ワークシート　49

日本国憲法から日本の未来を考える ❶

▶ 単元内の位置付け

　本時では，単元の導入として，民主主義と立憲主義の見方・考え方を学習する。まずは，民主主義での多数決などの決定方法のメリット・デメリットを考える。次に，架空の物語から立憲主義について学び，それを応用するパフォーマンス課題を設定する。

▶ 指導言でわかる！授業の流れ

(1) 活動 ランチタイムのお店を決めよう！（※宮本実践）

　→（例）「3人が第1希望にしているカレー」「でも，カレーはBさんが一番食べたくないものだよ」「じゃあ，食べたくない人の少ないパスタ」「でも，パスタはみんなが食べたいと思っていないよ」など

(2) 活動 それぞれの決定方法のメリット・デメリットをまとめよう！　　　　　　　🖉 2-7 多面的

　→多数決のメリット：（例）「素早く決定できる」「多くの人の意見を反映できる」など。

　→多数決のデメリット：（例）「少数の意見が反映されない」など。

(3) 発問 それぞれの決定方法は，どのような価値に基づくだろう？　　　　　❓ 3-1 価値明確化

　→多数決：（例）「効率を重視」など。

　→反対意見の少ないものを採用する：（例）「少数者や全員の幸福，公正を重視」など。

(4) 活動 多数決で決めてよいこととよくないことの基準を考えよう！　　　　　　🖉 2-5 比較

　→（例）「誰かが嫌な思いをすること」「誰かの権利が脅かされること」など。

(5) 発問 （映画『アラジン』を視聴し）ジャスミンとアラジンは，どうして結婚できないのだろう？　　　　　　　　　　　　　　　　　　　　　　　　　　　🖉 2-1 原因・理由

　→（例）「王女は，王位にある人としか，結婚できない法律があるから」など。

(6) 発問 （映画『アラジン』国王が法律を変える場面を視聴し）ハッピーエンドだが，国王が勝手に法律を変えることができると，どんな問題が起こるだろう？　　　　🖉 2-2 結果

　→（例）「王が，自分勝手な法律を独断で決めることができ，それによって国民が困ることになる」「王が勝手に法律を決めると，国民の権利が守られなくなる」など。

(7) パフォーマンス課題 人による支配をしている国王に，法の支配の必要性を訴えよう！

　　　　　　　　　　　　　　　　　　　　　　　　　　　　　　　　　　🖉 2-3 まとめ

　→（例）「国王が独裁で決めても，国民の不満が高まる一方です。法律をつくり，それに基づく政治をすれば，国民の支持を得られます。」など

※『アラジン』に関する発問，課題は，奈良県中学校教員の玉木健悟先生の実践をもとに作成している。

日本国憲法から日本の未来を考える ①

[目標] 決定方法の特徴を捉えて，民主主義を実現するために必要な方法を考えることができる。

【活動１】次のメンバーでランチに行きます。何を食べに行くか決めよう！

	Aさん	Bさん	Cさん	Dさん
第１希望	カレー	焼肉	カレー	カレー
第２希望	ラーメン	寿司	焼肉	ラーメン
第３希望	寿司	パスタ	パスタ	パスタ
第４希望	パスタ	ラーメン	ラーメン	寿司
第５希望	焼肉	カレー	寿司	焼肉

（Aさん：今これが食べたい！）

【活動２】それぞれの決定方法のメリット・デメリットをまとめよう！

【活動３】それぞれの決定方法は，どのような価値に基づくだろう？

決定方法	メリット	デメリット	価値
①多数決			
②			
③			

【活動４】多数決で決めてよいこととよくないことの基準を考えよう！

【活動５】国王が勝手に法律を変えることができると，どんな問題が起こるだろう？

【パフォーマンス課題】国王に，法の支配の必要性を訴えよう！

国王：すべて王が決める！

日本国憲法から日本の未来を考える ❺

▶ 単元内の位置付け

本時では，日本国憲法の三大原理の中の平和主義について学習する。戦争放棄しているが，国防費が高く，自衛隊も存在するという，子どもの「なぜ？」という疑問から，これからの平和主義のあり方を考える。

▶ 指導言でわかる！授業の流れ

(1) クイズ 世界国防費ランキングクイズ

・「世界国防費ランキング（2022年比較）。上位5か国を予想しよう！」

→ （例）「アメリカ」「ロシア」など。正解は，1位：アメリカ，2位：中国，3位：ロシア，4位：インド，5位：サウジアラビア。

・「日本は何位だろう？」→ （例）「戦争放棄しているから，100位」「でも，自衛隊があるよ。いろんな装備があるってニュースで見たけど…」など。正解は，10位（前年まで9位）。

(2) 発問 どうして「戦争放棄」の日本の国防費が高いのだろう？　　　🖊 2−1 原因・理由

→ （例）「他の国に攻め込まれないように，守らないといけないから」「アメリカの要請」など。

(3) 活動 日本の平和に関わる内容を説明しよう！　　　　　　　　　　　🖊 2−3 まとめ

①日本国憲法第9条：（例）「武力の行使と戦争を放棄する」など。

②自衛隊：（例）「自衛のための必要最小限度の実力として組織された」など。

③日米安全保障条約：（例）「日本が他の国から攻撃されたときに共同で日本を防衛する。そのために，日本にアメリカ軍が駐留する。」など。

④非核三原則（例）「核兵器を持たず，作らず，持ち込ませず，という原則」など。

(3) 発問 自衛隊は，どのような仕事をしているのだろう？　　　　　　　🖊 2−3 まとめ

→ （例）「災害時の救助活動」「日本が攻められたときに防衛する」「紛争が起きたときに，周辺地域での支援や地雷の撤去」など。

(4) 発問 これからの日本に求められる，平和主義のあり方とは何だろう？

? 3−3 価値判断 ! 4−2 課題解決

→ （例）「複数の国で，武力を用いたり，条約に違反したりした場合の制裁内容を決めた，平和条約を結ぶ。」など。

(5) パフォーマンス課題 小学生からの質問，「自衛隊って軍隊じゃないの？」に答えよう！

🖊 2−3 まとめ

クラスで，小学生役（質問役）と中学生役（回答役）を指名してロールプレイをする。小学生役が納得いくまでやり取りを続けさせると盛り上がり，楽しく授業のまとめができる。

日本国憲法から日本の未来を考える ⑤

目標 日本の平和主義の特徴と課題を説明できる。

【活動１】日本の平和に関わる内容を説明しよう！

①日本国憲法第９条	
②自衛隊	
③日米安全保障条約	
④非核三原則	

【活動２】自衛隊は，どのような仕事をしているのだろう？

【活動３】これからの日本に求められる，平和主義のあり方とは何だろう？

【パフォーマンス課題】小学生からの質問，「自衛隊って軍隊じゃないの？」に答えよう！

自衛隊って，
軍隊じゃない
の？

単元 **4**

新しく憲法に載せるべき権利を決めよう！

単元構成のねらい

　本単元は，日本国憲法で保障される基本的人権と新しい人権について学習する単元である。一つひとつの権利を捉えた上で，権利が対立する場面を扱い，何を優先すべきか，どのように解決すべきかを考える。その上で，新しい人権のどれが重要かを議論することで，人権の大切さと社会のあり方を考えていく。

単元の概念構造

〈本質的な問い〉人権を大切にするために，どのようなことが求められるだろう？

〈単元の問い〉人権は，どのように認められ，どのように守っていくべきだろう？

〈考えさせたい視点〉

・基本的人権：それぞれの権利はみんなに等しく認められるものであるが，他の権利との対立によって制限される場合がある。

・公共の福祉：社会全体の幸福や権利を守るために認められるものであるが，どのような範囲で認められるべきかは，議論・吟味が必要である。

・新しい人権：時代の変化などによって，条文に明記されない権利もある。

オーセンティックな学びに近づけるポイント

知識の構築	権利や価値の対立場面を解決するために，情報を集め，多面的・多角的に分析し，知識を構築する。
学問に基づく探究	権利や価値の対立場面を扱うことで，権利や価値を明確にし，望ましい解決策に向けて探究する。
学校を超えた価値	現実社会に関わる課題を扱うため，価値のある学習である。

単元全体の課題設定のねらい

　本単元全体の課題は，時代の変化によって求められる新しい人権をどのように位置付けるかという，現実社会の課題を扱う。子どもたちからは遠い課題であるが，この課題に取り組む中で，それぞれの権利について吟味し，人権の大切さと社会のあり方を考えていく。

54　〈政治〉

単元構成

単元全体の課題	日本国憲法に載せるべき新しい人権は何だろう？一番必要なものを選び，理由を説明しよう！ 【オーセンティックC】 4-3 提案

パフォーマンス課題	○主発問　・サブ発問（課題）
❶死刑制度に賛成？反対？ 【オーセンティックC】 3-3 価値判断　4-1 意思決定	○自由権は，どのようなもので，どのような範囲で認められるのだろう？　2-3 まとめ ・尾崎豊「15の夜」の歌詞は認められるか？ ・次の事例は，どの自由に属するか，分類しよう！　2-6 分類 ・認められる自由，認められない自由に分類しよう！　2-6 分類
❷平等ではない問題を1つ選び，現状と原因，解決策を提案しよう！（準備） 【オーセンティックC】 4-3 提案	○平等とは，何だろう？　2-3 まとめ ・これってズルい？本当の平等とは何だろう？ ・「不平等だ」「不公平だ」「差別だ」と思うのはどんなとき？ ・それが「憲法違反だ」と言える根拠を探そう！ ・これまで学習した，もしくはあなたの知っている差別の事例を書き出そう！　2-4 例示
❸平等ではない問題を1つ選び，現状と原因，解決策を提案しよう！ 【オーセンティックC】 4-3 提案	○平等な社会を実現するためには，どうすればよいだろう？　4-2 課題解決 ・平等でない問題を1つ選ぼう！　2-4 例示 ・その問題の現状と，なぜ解決しないのかの原因をまとめよう！　2-1 原因・理由 ・その問題の解決策を考えよう！　4-2 課題解決
❹「健康で文化的な最低限度の生活」とは何だろう？具体的に説明しよう！ 【オーセンティックD】 2-3 まとめ	○「健康で文化的な最低限度の生活」とは何だろう？　2-3 まとめ ・朝日訴訟→国が出した最低基準は？ ・桶川クーラー事件→クーラーは贅沢品か？　2-6 分類 ・次の事例が認められるか，認められないか，ジャッジしよう！　2-6 分類
❺「公共の福祉」は，どのような範囲で適用されるべきか，説明しよう！ 【オーセンティックD】 2-3 まとめ	○「公共の福祉」は，どのようなもので，どのような範囲で認められるのだろう？　2-3 まとめ ・どう判決すれば，いいだろう？（宇奈月温泉事件）（帝国書院教科書，青果店の立ち退きについてのページを用いて） ・どのような権利が対立しているだろう？　3-1 価値明確化 ・グループで議論し，納得のいく解決策を考えよう！　3-3 価値判断　4-1 意思決定 （「大阪空港騒音問題」を用いて） ・どのような権利が対立しているだろう？　3-1 価値明確化 ・グループで議論し，納得のいく解決策を考えよう！　3-3 価値判断　4-1 意思決定
❻新たに認められるべき権利は何だろう？ 【オーセンティックC】 4-3 提案	○新しい人権は，どのように認められるべきだろう？　2-3 まとめ ・スマップ裁判→それぞれどのような権利を主張しているだろう？　2-6 分類 ・結果は，どうなったのだろう？　2-2 結果 ・次の事例は，どの「新しい人権」に分類されるだろう？　2-6 分類 ・「新しい人権」を説明する架空のストーリーをつくろう！　2-4 例示 ・「新しい人権」をダイヤモンドランキングで表そう！　2-9 評価
❼日本国憲法に載せるべき新しい権利は何だろう？一番必要なものを選び，理由を説明しよう！ 【オーセンティックC】 4-3 提案	○どのような権利が，認められるべきだろう？　2-9 評価 ・グループで，憲法に新しく載せる権利を決めよう！ ・グループごとに，載せるべき権利を発表しよう！ ・1つに絞るとすれば，何を優先すべきだろう？　3-3 価値判断　4-1 意思決定

第2章　オーセンティックな学びを取り入れた授業展開＆ワークシート　55

新しく憲法に載せるべき権利を決めよう！ ❺

▶ 単元内の位置付け

　本時では，公共の福祉と，個人の権利の対立を扱う。3つの事例の検討を通して，個人の権利と公共の福祉との関係について学習する。

▶ 指導言でわかる！授業の流れ

(1) 活動 どう判決すれば，いいだろう？

・宇奈月温泉事件を事例として，公共の福祉について考える。

・「温泉のパイプが通っている土地の一部（利用価値のない場所）をＡが購入し，不法占拠を理由に高値で売りつけた。温泉側が土地を買わないのであれば，パイプを撤去する。温泉が通らなくなったら，温泉への打撃が大きい。しかし，土地の所有権は，Ａにある。パイプの撤去は，認められただろうか？認められなかっただろうか？」

→「認められない。利用価値のない土地は，Ａに利益をもたらさないのに対して，パイプを撤去すれば，温泉街と住民に大きな損害を与える。このような結果をもたらす所有権の行使は，所有権の目的に反し，権利の濫用に当たる。」憲法13条で，公共の福祉を確認する。

(2) 活動 （帝国書院教科書，青果店の立ち退きについてのページを用いて）

①どのような権利が対立しているだろう？　　　　　　　　　　? 3－1 価値明確化

・Ａさん：（例）「財産権…Ａさんの自分の土地なので，立ち退く必要はない。」など

・Ｂ市：（例）「公共の福祉…Ａさんが立ち退いてくれれば，道路が広くなり，みんなにとって便利で安全な道路になる。」など

②グループで議論し，納得のいく解決策を考えよう！　　? 3－3 価値判断 ! 4－1 意思決定

→（例）「Ａさんの財産権を考慮し，Ａさんの店とは反対方向に道を広げるように計画を立て直す」「Ａさんに立ち退いてもらう代わりに，今以上の条件でお店ができるように，十分な補償を行う」など。

(3) 活動 （「大阪空港騒音問題」を用いて）

①どのような権利が対立しているだろう？　　　　　　　　　　? 3－1 価値明確化

・住民側：（例）「環境権の侵害…静かな環境で生活したい。」など

・空港側：（例）「経済活動の自由…活動時間を十分に確保し，利益を得たい。」など

②グループで議論し，納得のいく解決策を考えよう！　　? 3－3 価値判断 ! 4－1 意思決定

→（例）「お金で解決するのではなく，夜中から早朝までの時間の離発着を制限すべき」など。

(4) パフォーマンス課題 「公共の福祉」は，どのような範囲で適用されるべきか，説明しよう！

　　　　　　　　　　　　　　　　　　　　　　　　　　　　🖉 2－3 まとめ

・公共の福祉の範囲について，本時の学習で考えたことをまとめる。

新しく憲法に載せるべき権利を決めよう！ ⑤

目標 公共の福祉の考え方と適用範囲について考えることができる。

【活動１】「青果店を営む男性はどうなる？」
①どのような権利が対立しているだろう？

Aさん		B市
	⬅➡	

②グループで議論し，納得のいく解決策を考えよう！

【活動２】「大阪空港騒音問題」
①どのような権利が対立しているだろう？

住民側		空港側
	⬅➡	

②グループで議論し，納得のいく解決策を考えよう！

【パフォーマンス課題】「公共の福祉」は，どのような範囲で適用されるべきか，説明しよう！

新しく憲法に載せるべき権利を決めよう！ ❻

▶ 単元内の位置付け

　本時では，「新しい人権」について学習する。まず，身近で，意外性のある，今では考えられない事例から，「新しい人権」に触れる。次に，「新しい人権」の事例を分類したり，架空のストーリーをつくったりして，理解を深め，ダイヤモンドランキングを経て，新たに認められるべき権利を考えていく。

▶ 指導言でわかる！授業の流れ

(1) クイズ スマップ裁判

・（SMAP の写真を提示し）「このグループ知ってる？」→「SMAP」

・「昔，SMAP メンバーの住所や電話番号が無断で書かれた本が出版されることになった。それを聞いた SMAP 側は，本の出版停止を求めて裁判を起こした。」

・それぞれどのような権利を主張しているだろう？　　　　　　　　　　　2−6 分類

→ SMAP 側：プライバシーの権利を侵害している。

→出版社側：自由権（表現の自由）

・結果は，どうなったのだろう？　　　　　　　　　　　　　　　　　2−2 結果

→ SMAP 側の勝訴。出版社側に，この本の出版禁止，将来に渡って同じ種類の本を出版・販売しないように命じた。

(2) 発問 次の事例は，どの「新しい人権」に分類されるだろう？　　　　2−6 分類

　①家の近くに工場ができ，工場からの排水が匂い，環境に良くない。→環境権

　②自分の名前と住所が，インターネット上に無断で書かれていた。→プライバシーの権利

　③政府が，重要な情報を隠していた。→知る権利

(3) 活動 「新しい人権」を説明する架空のストーリーをつくろう！　　　2−4 例示

・「新しい人権」から１つ選び，それを説明する架空のストーリーを考える。

→（例）「眺望権：富士山が見えるという理由で今のマンションを買ったが，新しいマンションができて，富士山が見えなくなった。」など。

(4) 活動 「新しい人権」をダイヤモンドランキングで表そう！　　　　　2−9 評価

・「日照権」「眺望権」「環境権」「知る権利」「プライバシーの権利」「自己決定権」などから，自分の重要と考える順に並べる。

(5) パフォーマンス課題 新たに認められるべき権利は何だろう？　　　　4−3 提案

・本時の学習を振り返り，また，単元全体の課題につながる，新たに認められるべき権利を１つ選び，その理由を発表する。

新しく憲法に載せるべき権利を決めよう！ ⑥

目標 憲法に載っていない，新しい人権について説明できる。

【活動１】「新しい人権」を説明する架空のストーリーをつくろう！

（権利）	（ストーリー）

【活動２】「新しい人権」をダイヤモンドランキングで表そう！

・日照権　・眺望権
・環境権　・知る権利
・プライバシーの権利
・自己決定権

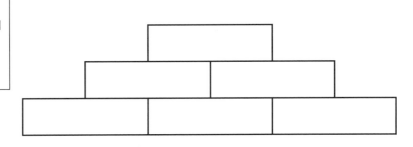

（理由）

【パフォーマンス課題】新たに認められるべき権利は何だろう？

（権利）	（理由）

単元 5

架空政党をつくり，法案を提出しよう！

単元構成のねらい

　本単元は，民主政治を学ぶために，クラス内で架空の政党をつくり，法案を成立させることをめざす学習を行う。まずは個人で，現代の日本の課題を解決するための法案を考える。次に，考えの近いメンバーと架空の政党をつくり，提出法案を考える。そして，クラス内で審議を行い，成立させる法案を決める。

単元の概念構造

〈本質的な問い〉人々の願いを実現するために，どのような政治のあり方が求められるのだろうか？
〈単元の問い〉民主政治を実現するために，現代の日本にはどのような課題があるだろうか？
〈考えさせたい視点〉
・民主政治：人々の願いを実現するために，様々な制度やしくみが存在するが，それぞれにメリット・デメリットがある。
・メディア，SNS：現代の民意に大きな影響を与える第4の権力となっている。また，双方向の情報伝達手段となり，リテラシーが欠かせない。
・政党：政策などを実現するためにグループをつくることで，スムーズに政治を行うことができる。しかし，課題も多く，国によって，しくみも異なる。

オーセンティックな学びに近づけるポイント

知識の構築	架空の政党をつくり，提出する法案を考える中で，制度面や現代社会の課題について多面的・多角的に考察し，知識を構築する。
学問に基づく探究	民主政治に影響を与えるメディア，SNS，政治に関する制度などをもとに，民主政治のあり方について探究する。
学校を超えた価値	現代社会の課題を，現実に近い手続きで検討するので，価値のある学習となる。外部との連携で，よりオーセンティックな課題となる。

単元全体の課題設定のねらい

　本単元全体の課題は，現代の日本の課題を解決するための法案の作成である。現代社会の課題を扱い，それを解決するための方法を考え，また手続きも扱うため，オーセンティックな課

60　〈政治〉

題となる。可能であれば，専門家と連携し，子どもたちの作成した法案に対して意見交換したり，実際に子どもたちの意見を提出するなど，外部との連携を図りたい。そうなれば，よりオーセンティックな課題となる。

単元構成

単元全体の課題	現代の日本の課題を解決するための法案を作成しよう！【オーセンティックC】 4-3 提案
パフォーマンス課題	○主発問　・サブ発問（課題）
❶現代の日本の課題を解決する法案をつくろう！ 【オーセンティックC】 4-3 提案	○現代の日本にはどのような課題があるだろう？ ・（スイスの直接民主制の様子を提示し）日本ではどのような方法で，政治が行われているだろう？　2-5 比較 ・現代の日本には，どのような課題があるだろう？ ・各政党のマニフェストの一覧を提示し，分析する。 　2-5 比較　2-7 多面的 ・現代の日本の課題を解決するための法案を考えよう！
❷クラス内で架空政党をつくり，提出する法案を決めよう！ 【オーセンティックD】 4-3 提案	○日本の政党政治にはどのような特徴があり，課題は何だろう？ 　2-3 まとめ ・きのこ・たけのこ総選挙！どちらに投票する？ ・日本の政党政治の特徴をまとめよう！　2-3 まとめ　2-5 比較 ・日本の政党政治の課題は何だろう？　2-5 比較　2-7 多面的 ・他国の投票率アップ戦略クイズ ・投票率を増やすために，どうすればいいだろう？　4-2 課題解決
❸架空政党の提出法案の説明文を作成しよう！ 【オーセンティックD】 4-3 提案	○メディアやSNSは，政治にどのような影響を与えているのだろう？ 　2-2 結果 ・（災害時のフェイクニュースを見て）どうしてフェイクニュースが流されるのだろう？　2-1 原因・理由 ・ある日の新聞報道を比較しよう！　2-5 比較 ・各情報入手手段（テレビ，新聞，ラジオ，SNS，週刊誌など）のメリット・デメリットをまとめよう！　2-7 多面的 ・情報を得るときに，どのようなことに気をつければいいだろう？
❹架空政党の名簿と投票結果をもとに，ドント方式で当選結果を確認しよう！ 【オーセンティックD】 4-2 課題解決	○日本の選挙制度にはどのような特徴があり，課題は何だろう？ 　2-3 まとめ ・AKB総選挙と衆議院議員選挙はどこが違う？　2-5 比較 ・（第1回衆議院議員選挙の様子を提示し）第1回の選挙と現在の選挙を比較し，同じところと異なるところを見つけよう！　2-5 比較 ・選挙は，どのように行われるのだろう？しくみをまとめよう！ 　2-3 まとめ ・日本の選挙制度の課題は何だろう？　2-5 比較　2-7 多面的 ・（クラスの架空政党ごとに，名簿を作成しておき）法案をもとに，クラスの架空政党に投票しよう！
❺現代の日本の課題を解決するための法案を作成しよう！ 【オーセンティックC】 4-3 提案	・それぞれの架空政党の提出法案をプレゼンしよう！ ・それぞれの架空政党の提出法案のメリット・デメリットを考えよう！ ・国会の法律案の議決の方法で，提出法案を審議しよう！ （クラスを衆議院と参議院に分け，それぞれで採決をとる。可否が分かれれば，衆議院で再度採決をとり，決定する。）

第2章　オーセンティックな学びを取り入れた授業展開＆ワークシート　**61**

架空政党をつくり，法案を提出しよう！ ❷

▶ 単元内の位置付け

　本時では，日本の政党政治の特徴と課題を考える。まずは身近な題材から政党やマニフェストについて学習する。次に，日本の政党政治の特徴と課題をまとめる。そして，課題の一つである投票率アップの戦略を考える。最後に，クラス内で法案の意見の近いメンバーで架空の政党をつくり，提出する法案を決める。

▶ 指導言でわかる！授業の流れ

(1) 活動 （meiji きのこの山・たけのこの里の CM を視聴し）きのこ・たけのこ総選挙！どちらに投票する？

　・どちらかに挙手させる。楽しく学習するための活動なので，テンポよく進める。

　・（続きの CM を視聴し）「勝った方は，マニフェストを実行していたね。マニフェストって何だろう？教科書から探してみよう！」

　→（例）「政権を取ったときに実現する約束，政権公約」

(2) 活動 日本の政党政治の特徴をまとめよう！　　　　　　　🖉 2−3 まとめ 🖉 2−5 比較

　・議院内閣制，多党制，連立政権などのキーワードを用いて，日本の政治の特徴をまとめる。

(3) 発問 日本の政党政治の課題は何だろう？　　　　　　　　🖉 2−5 比較 🖉 2−7 多面的

　・日本の現状や，他国との比較を通して，課題を考える。

(3) クイズ 他国の投票率アップ戦略クイズ

　①（写真を提示し）何の写真？→「屋台かな？」→（広域の写真を提示し）「オーストラリアの選挙の様子です。行かなければ，罰金もあります。」

　②シンガポールは？→「高い罰金がある。」

　③スウェーデンは，罰金なしで投票率が高い。どうして？→「政治に関する教育に力を入れている。」「高負担高福祉なので，関心が高い。」

(4) 発問 投票率を増やすために，どうすればいいだろう？　　　　　🔴 4−2 課題解決

　→（例）「オーストラリアのように選挙の場所に楽しい催しを取り入れる。」「シンガポールのように罰金制度を取り入れる。」など。

(5) パフォーマンス課題 クラス内で架空政党をつくり，提出する法案を決めよう！

　　　　　　　　　　　　　　　　　　　　　　　　　　　　　　　🔴 4−3 提案

　・前時で作成したそれぞれの法案の一覧を配布し，内容の近い者同士で集まるなどして，架空の政党をつくる。難しい場合は，固定班でも構わない。その場合は，後の学習のために，いくつかの班を合同にするなど，政党の人数に差が出るようにする。

　・架空政党をつくったら，提出する法案を決定し，授業者に提出する。

架空政党をつくり，法案を提出しよう！ ②

目標 日本の政党政治の特徴と課題を説明できる。

【活動１】日本の政党政治の特徴をまとめよう！

【キーワード】議院内閣制，多党制，連立政権

【活動２】日本の政党政治の課題は何だろう？

【活動３】投票率を増やすために，どうすればいいだろう？

（案）	（理由）

【パフォーマンス課題】クラス内で架空政党をつくり，提出する法案を決めよう！

（政党名）	（メンバー）

（法案）

架空政党をつくり，法案を提出しよう！ ❹

▶ 単元内の位置付け

　本時では，日本の選挙制度の特徴と課題を学習する。まずは，身近な事例や過去との比較から，現代の選挙の原則を学習する。次に，選挙のしくみをまとめる。そして，クラス内の架空政党の法案と理由をもとに投票し，しくみを体験する。

▶ 指導言でわかる！授業の流れ

(1) クイズ AKB総選挙と衆議院議員選挙はどこが違う？　　　　　 2-5 比較

　→（例）「一人一票ではない。」「買った人しか投票できない。」など。

(2) 活動 （第1回衆議院議員選挙の様子を提示し）第1回の選挙と現在の選挙を比較し，同じところと異なるところを見つけよう！　　　　　 2-5 比較

　→同じところ：（例）「平等選挙：一人一票の投票」「直接選挙：自分で投票する」など。

　→異なるところ：（例）「普通選挙：今は年齢を越えれば国民誰でも投票できるが，昔はたくさん税金を納めていないと投票できなかった。」「秘密選挙：今は誰に・どこに投票したかを秘密にできるが，昔は投票を見張られていた。」など。

(3) 活動 選挙は，どのように行われるのだろう？しくみをまとめよう！　　　 2-3 まとめ

　・小選挙区制，比例代表制などのキーワードを用いて，日本の選挙制度の特徴をまとめる。

(3) 発問 日本の選挙制度の課題は何だろう？　　　　 2-5 比較　 2-7 多面的

　・一票の格差，投票率などのキーワードを用いて，日本の選挙制度の課題を挙げる。

(4) 活動 （クラスの架空政党ごとに，名簿を作成しておき）法案をもとに，クラスの架空政党に投票しよう！

　①クラスの架空政党ごとに，ドント方式用の名簿を作成する。

　②前時で提出した架空政党の法案とその理由の一覧を提示し，どこに投票するかを決める。

　③一人一票で投票する。

　※人気投票にならないように，名前を伏せ，可能な限り他クラスへの投票としたい。

(5) パフォーマンス課題 架空政党の名簿と投票結果をもとに，ドント方式で当選結果を確認しよう！　　　　　　　　　　　　　　　　　　　 4-2 課題解決

　①ドント方式の練習をしよう！　→　架空の設定で，練習をする。（※宮本実践）

　→動物党：3名，魚党：2名，昆虫党：1名が当選する。

　②クラスの当選結果を確認しよう！

　　(4)での投票結果を開示し，それぞれの架空政党の当選人数を計算し，当選者を発表する。

　　この結果が，次時の提出法案を採決する際に，影響を与えることを予告しておく。

架空政党をつくり，法案を提出しよう！ ④

目標 日本の選挙制度の特徴と課題を説明できる。

【活動１】 第１回の選挙と現在の選挙を比較し，同じところと異なるところを見つけよう！

第１回の選挙	共通点	現在の選挙

【活動２】 選挙は，どのように行われるのだろう？しくみをまとめよう！

【キーワード】小選挙区制，比例代表制

【活動３】 日本の選挙制度の課題は何だろう？

【キーワード】一票の格差，投票率

【パフォーマンス課題】 架空政党の名簿と投票結果をもとに，ドント方式で当選結果を確認しよう！

①ドント方式の練習をしよう！　当選した候補者を〇で囲もう！

【政党名簿の順位】			【比例代表選挙での 政党ごとの得票数】
動物党	魚党	昆虫党	**6名が当選する**
①ライオン氏	①マグロ氏	①カブトムシ氏	
②ゾウ氏	②カツオ氏	②クワガタ氏	動物党　600票
③カバ氏	③タイ氏	③バッタ氏	魚党　　450票
④キリン氏	④イワシ氏	④カマキリ氏	昆虫党　240票
⑤パンダ氏	⑤アジ氏	⑤アリ氏	

【各政党の当選人数】動物党：（　　　　）名，魚党：（　　　　）名，昆虫党：（　　　　）名，

②クラスの当選結果を確認しよう！

65

| 単元 | **6** |

日本の三権への提言！

単元構成のねらい

　本単元は，日本の三権（立法・行政・司法）をそれぞれ学習し，その課題を指摘し，解決策を提案する。立法・行政・司法について，それぞれしくみと役割を学習し，自身で課題を発見し，それに対する解決策を考えていく。

単元の概念構造

〈本質的な問い〉民主政治の実現に向けて，三権はどうあるべきなのだろう？
〈単元の問い〉日本の三権にはどのような課題があり，どのように解決すべきだろう？
〈考えさせたい視点〉
・三権分立：それぞれが役割を果たし，監視する機能があるが，分離できていないなどの課題も見られる。

オーセンティックな学びに近づけるポイント

知識の構築	三権に対する自身で発見した課題に対して，多面的・多角的に考察し，解決策の提案に向けて知識を構築する。
学問に基づく探究	三権の役割を理解した上で，資料をもとに現状の課題を分析し，それに対する解決策を考えるために探究を行う。
学校を超えた価値	現実社会の課題を発見し，それに対する解決策を考える課題であるため，価値のある課題である。

単元全体の課題設定のねらい

　本単元全体の課題は，日本の三権（立法・行政・司法）から１つを選び，課題を指摘し，解決策を提案するものである。現実社会の現状に対して，自身で課題を発見し，その解決策を提案するため，オーセンティックな課題である。しかし，子どもたちから遠い課題であり，直接的に働きかけが難しい課題でもあるため，理想や他人事でなく，自分たちの生きていく社会への提言という位置付けを大切にしたい。議員などに提案できるようにすると，さらにオーセンティックな課題となる。

66　〈政治〉

単元構成

単元全体の課題	日本の三権への提言！三権（立法・行政・司法）の中から１つ選び，その課題を指摘して，解決策を提案しよう！【オーセンティックＣ】 `4-3 提案`

パフォーマンス課題	○主発問　・サブ発問（課題）
❶国会議員の給料は減らすべき？減らすべきではない？ 【オーセンティックＣ】 `3-3 価値判断` `4-1 意思決定`	○国会は，どのような役割を担っているのだろう？　　`2-3 まとめ` ・国会議員の給料はいくら？ ・国会では，どのようなことにお金を使っているのだろう？ ・国会の仕事と役割をまとめよう！　　`2-3 まとめ` ・参議院は，どうして必要なのだろう？　　`2-1 原因・理由`
❷日本の国会（立法）の課題に対する解決策を提案しよう！ 【オーセンティックＣ】 `4-3 提案`	○日本の国会には，どのような課題があり，どのように解決すべきだろう？　　`4-2 課題解決` ・国会議事堂の３つの銅像は誰？ ・４つ目の銅像にふさわしいのは誰だろう？　　`2-9 評価` ・どうして議員提出法案は不成立が多く，内閣提出案は成立が多いのだろう？　　`2-1 原因・理由` ・議員提出法案は，意味がないのだろうか？　　`3-2 価値吟味` ・日本の国会（立法）の現状を，資料から読み取ろう！ ・日本の国会（立法）の課題は何だろう？　　`2-9 評価`
❸議院内閣制と大統領制，どちらがいいのだろう？ 【オーセンティックＣ】 `3-3 価値判断` `4-1 意思決定`	○内閣は，どのような役割を担っているのだろう？　　`2-3 まとめ` ・内閣クイズ，省庁クイズ ・内閣の仕事と役割をまとめよう！　　`2-3 まとめ` ・三権分立の図は，正しいだろうか？　　`2-9 評価` ・議院内閣制と大統領制のメリット・デメリットをまとめよう！ 　　`2-5 比較` `2-7 多面的`
❹日本の内閣（行政）の課題に対する解決策を提案しよう！ 【オーセンティックＣ】 `4-3 提案`	○日本の内閣には，どのような課題があり，どのように解決すべきだろう？　　`4-2 課題解決` ・かつて，国が行っていた仕事はどれ？ ・日本の内閣（行政）の現状を，資料から読み取ろう！ ・どうして行政のスリム化が必要なのだろう？　　`2-1 原因・理由` ・日本の内閣（行政）の課題は何だろう？　　`2-9 評価`
❺裁判員制度のメリット・デメリットを考えよう！ 【オーセンティックＤ】 `2-7 多面的`	○裁判所は，どのような役割を担っているのだろう？　　`2-3 まとめ` ・おとぎ話裁判 ・模擬裁判員裁判をしてみよう！ ・裁判のしくみを，図で説明しよう！（民事裁判，刑事裁判，参審制） 　　`2-3 まとめ`
❻日本の裁判所（司法）の課題に対する解決策を提案しよう！ 【オーセンティックＣ】 `4-3 提案`	○日本の裁判所には，どのような課題があり，どのように解決すべきだろう？　　`4-2 課題解決` ・大津事件から三権分立を考える（※乾実践） ・どうしてこの判決だったのだろう？　　`2-1 原因・理由` ・日本の裁判所（司法）の現状を，資料から読み取ろう！ ・日本の裁判所（司法）の課題は何だろう？　　`2-9 評価`
❼日本の三権への提言！三権（立法・行政・司法）の中から１つ選び，その課題を指摘して，解決策を提案しよう！ 【オーセンティックＣ】 `4-3 提案`	・三権から１つ選ぼう！ ・選んだ権力の課題は何だろう？ ・その課題は，どのように解決すべきだろう？ ・その解決策は，どのような点が優れているだろう？ ・その解決策に，問題点はないだろうか？

【本単元の参考文献】

乾正学『中学歴史　生徒が夢中になる！アクティブ・ラーニング＆導入ネタ80』明治図書，2016年

第２章　オーセンティックな学びを取り入れた授業展開＆ワークシート　67

日本の三権への提言！ ❷

▶ 単元内の位置付け

　本時では，日本の国会の課題と，それに対する解決策を考える。まずは，国会議事堂の銅像のネタから，理想の政治について考える。次に，課題について，資料をもとに考え，それに対する解決策を提案する。

▶ 指導言でわかる！授業の流れ

(1) クイズ 国会議事堂の３つの銅像は誰？

　・板垣退助→「どうしてこの人の銅像があるの？」→（例）「自由民権運動の中心人物だったから。」など。

　・大隈重信→「どうしてこの人の銅像があるの？」→（例）「国会開設に大きな役割を果たし，内閣総理大臣にもなったから。」など。

　・伊藤博文→「どうしてこの人の銅像があるの？」→（例）「大日本帝国憲法作成の中心となり，初代内閣総理大臣にもなったから。」など。

　・「空席の台座があるのはどうして？」→（例）「政治に完璧はなく，より良い政治をめざして空席にしている。」など。

(2) 発問 ４つ目の銅像にふさわしいのは誰だろう？　　　　　　　　　　　🖉 2－9 評価

　→歴史上の人物や，現代の人物から，多様な視点から，理想の政治のイメージにふさわしい人物を考え，議論する。

(3) 発問 どうして議員提出法案は不成立が多く，内閣提出案は成立が多いのだろう？

　　　　　　　　　　　　　　　　　　　　　　　　　　　　　　🖉 2－1 原因・理由

　→（例）「与党議員が多いため内閣提出案は成立しやすい。」「政府や官僚の力が大きく，議員の意見が反映されにくい。」など。

(4) 発問 議員提出法案は，意味がないのだろうか？　　　　　　　　　❓ 3－2 価値吟味

　→（例）「成立しなくても，現状の問題点を話題にすることができる。」「成立しなくても，正しい意見を主張していれば，支持が拡大する。」など。

(5) 活動 日本の国会（立法）の現状を，資料から読み取ろう！

　・教科書や資料集などの資料から，日本の国会の現状をまとめる。

(6) 発問 日本の国会（立法）の課題は何だろう？　　　　　　　　　　　🖉 2－9 評価

　・資料や記事などをもとに，日本の国会の課題を考える。

(7) パフォーマンス課題 日本の国会（立法）の課題に対する解決策を提案しよう！

　　　　　　　　　　　　　　　　　　　　　　　　　　　　　　❗ 4－3 提案

　・選んだ課題に対する解決策を提案する。

日本の三権への提言！ ②

目標 日本の国会の課題とそれに対する解決策を考えることができる。

【活動１】国会議事堂の４つ目の銅像にふさわしいのは誰だろう？

（人物名）	（理由）

【活動２】どうして議員提出法案は不成立が多く，内閣提出案は成立が多いのだろう？

議員提出法案は不成立が多い	←	

内閣提出案は成立が多い	←	

【活動３】日本の国会（立法）の現状を，資料から読み取ろう！

【活動４】日本の国会（立法）の課題は何だろう？

【パフォーマンス課題】日本の国会（立法）の課題に対する解決策を提案しよう！

69

日本の三権への提言！ ❻

▶ 単元内の位置付け

　本時では，日本の裁判所の課題とそれに対する解決策を考える。まずは，大津事件という歴史のネタから，裁判所の役割について考える。次に，現代の日本の司法の課題について，資料をもとに考え，それに対する解決策を提案する。

▶ 指導言でわかる！授業の流れ

(1) 活動 大津事件から三権分立を考える（※乾実践）

・ワークシートの大津事件の文章を読む。

・「この警察官への判決は，次のうちどれ？（三択）」（ア：死刑　イ：無期懲役　ウ：無罪）

・裁判所の意見：刑法292条に基づき，殺人未遂事件として，無期懲役。

・日本政府の意見：刑法116条に基づき，皇室殺人未遂事件として，死刑。

・ロシア政府の意見：死刑。→　「このように，政府と裁判所で意見が分かれた。」

・犯人の供述：「ニコライの日本視察が許せなかった。」

・新聞報道：「ニコライへの見舞電報，１万通を超える！」「犯人の肉を引き裂きたい思い！」

・「ロシアに報復されかねない。」「野蛮な国だと思われる。」という国のピンチであった。

・「裁判所が下した判決は？」→「**イ：無期懲役**」

(2) 発問 どうしてこの判決だったのだろう？　　　　　　　　　　　🖉 2-1 原因・理由

　→（例）「政府の意見を聞き入れてしまうと，三権分立が崩れてしまうから。」「政府やロシアに合わせた判決をすると，三権分立ができていない国だと思われるから。」など。

・この判決は，国際的にも，日本は三権分立の原理に基づく近代国家であると称賛された。

(3) 活動 日本の裁判所（司法）の現状を，資料から読み取ろう！

・教科書や資料集などの資料から，日本の裁判所の現状をまとめる。

(4) 発問 日本の裁判所（司法）の課題は何だろう？　　　　　　　　🖉 2-9 評価

・資料や記事などをもとに，日本の裁判所の課題を考える。

(5) パフォーマンス課題 日本の裁判所（司法）の課題に対する解決策を提案しよう！

　　　　　　　　　　　　　　　　　　　　　　　　　　　　　❗4-3 提案

・選んだ課題に対する解決策を提案する。

日本の三権への提言！ ⑥

目標 日本の裁判所の課題とそれに対する解決策を考えることができる。

【活動１】大津事件から三権分立を考える

1891年５月，ロシア帝国の皇帝ニコライが日本を訪問した。５月11日，滋賀県大津市で警察官の津田三蔵に突然斬りかかられ，負傷した殺人未遂事件が起こった。

・この警察官への判決は，次のうちどれ？　　（ア：死刑　　イ：無期懲役　　ウ：無罪）

【活動２】どうしてこの判決だったのだろう？

（理由）

【活動３】日本の裁判所（司法）の現状を，資料から読み取ろう！

【活動４】日本の裁判所（司法）の課題は何だろう？

【パフォーマンス課題】日本の裁判所（司法）の課題に対する解決策を提案しよう！

単元 **7**

自分たちのまちをより良くするために

単元構成のねらい

　本単元は，政治の分野の最後の単元である。また，地方自治は，子どもたちにとって比較的身近な単元でもある。自分たちのまちの現状を把握し，課題を発見し，その課題の解決に向けたプランを提案する。可能であれば，外部の機関や専門家と連携し，発信したり，意見交換しながら一緒に取り組めるような活動にしたい。

単元の概念構造

〈本質的な問い〉住民の意思に基づく政治を行うためには，どのようなことが必要なのだろうか？
〈単元の問い〉自分のまちにはどのような課題があり，どうすれば住民自治が実現するだろうか？
〈考えさせたい視点〉
・住民自治：その地域に住む住民がみんなで問題を解決する意識としくみが必要である。
・地方分権：地域の実情に合わせた取り組みを行うために，中央政府から地方に権限が移されている。

オーセンティックな学びに近づけるポイント

知識の構築	地域の課題を解決するために，様々な解決策を多面的・多角的に考察し，より良い方法を考えるために知識を構築する。
学問に基づく探究	地方自治に関する見方・考え方を用いて，地域の課題を分析し，必要な解決策を考える探究を行う。
学校を超えた価値	自分たちのまちの課題に対する解決策を提案するため，価値のある学習である。

単元全体の課題設定のねらい

　本単元全体の課題は，自分の住んでいるまちの課題を発見し，解決策を提案するものである。子どもたちにとっても身近で切実な課題である。可能であれば，外部の機関や専門家と連携し，子どもたちの提案を発信するのみにとどまらず，検討する過程から意見交換しながら進めていき，単元後も実際にまちに働きかけ，参画していく取り組みにできれば，よりオーセンティックな課題となる。

72 〈政治〉

単元構成

単元全体の課題	自分たちのまちの課題を指摘し，解決策を提案しよう！ 【オーセンティックA】 `4−3 提案`

パフォーマンス課題	○主発問　・サブ発問（課題）

❶自分たちのまちの課題を指摘しよう！
【オーセンティックB】
`4−4 評価`
	○地方公共団体には，どのような役割があるのだろう？
	　　　　　　　　　　　　　　　　　　　　　　`2−3 まとめ`
	・自分たちのまちのクイズ
	・自分たちのまちの良いところと課題を出し合おう！
	　　　　　　　　　　　　　　　　　　　　　　`2−7 多面的`
	・国と地方は，それぞれどのような仕事をしているのだろう？コロナ対策を例に考えよう！　`2−6 分類`
	・市長や市議会は，どのようなことをしているのだろう？パンフレットから探そう！

❷自分たちのまちに必要な条例を1つ提案しよう！ 【オーセンティックB】 `4−3 提案`	○条例には，どのような役割があるのだろう？　`2−3 まとめ` ・おもしろ条例クイズ ・これらの条例は，どうしてあるのだろう？　`2−1 原因・理由` ・条例は，何のためにあるのだろう？　`2−1 原因・理由` ・条例の制定など，地方自治のしくみをまとめよう！ 　　　　　　　　　　　　　　　　　　　　　　`2−3 まとめ`

❸自分たちのまちの現状から，修正予算案を提案しよう！
【オーセンティックB】
`4−3 提案`
	○地方財政には，どのような課題があるのだろう？　`2−3 まとめ`
	・日本一豊かな村（※河原実践）
	・どうして夕張市の財政は破綻したのだろう？　`2−1 原因・理由`
	・ふるさと納税制度のメリット・デメリットをまとめよう！
	　　　　　　　　　　　　　　　　　　　　　　`2−7 多面的`
	・ふるさと納税の返礼品は規制すべき？
	　　　　　　　　　　`3−3 価値判断` `4−1 意思決定`

❹赤字バス路線に税金を使うべき？
【オーセンティックB】
`4−3 提案`
	○経済優先？保障優先？どう解決すべきだろう？
	　　　　　　　　　　`3−3 価値判断` `4−1 意思決定`
	・赤字バス路線の状況を調べよう！
	・解決策のメリット・デメリットをまとめよう！
	　　　　　　　　　　`2−7 多面的` `2−8 多角的`
	※帝国書院教科書，赤字路線バスへの税金投入についてのページをもとにしている。可能であれば，自分の地域の電車やバスの事例をもとに，課題を設定したい。

❺自分たちのまちの課題を指摘し，解決策を提案しよう！ 【オーセンティックA】 `4−3 提案`	○自分たちのまちの課題は，どのように解決すればいいだろう？ ・自分たちのまちの課題は何だろう？ ・その課題を解決するための解決策を書き出そう！ ・その解決策には，どのようなメリット・デメリットがあるだろう？　`2−7 多面的` `2−8 多角的` ・その解決策の実現のためには，誰が，どのようなことを行えばよいだろう？ ・どのような方法をとれば，その解決策は実現できるだろう？

【本単元の参考文献】
河原和之『100万人が受けたい！見方・考え方を鍛える「中学地理」大人もハマる授業ネタ』明治図書，2019年

第2章　オーセンティックな学びを取り入れた授業展開&ワークシート　73

自分たちのまちをより良くするために ❷

▶ 単元内の位置付け

　本時では，地方自治のしくみを学習する。まずは，子どもたちが興味のありそうな条例から，そこに込められた意図やねらいに気づかせる。次に，地方自治のしくみを学習し，自分たちのまちに必要な条例を考える。

▶ 指導言でわかる！授業の流れ

(1) クイズ おもしろ条例クイズ

　①次の中で，本当にある条例はどれ？（A：パンにマーマレード条例　B：梅干しでおにぎり条例　C：うどんはかまあげ条例）→正解は，B：梅干しでおにぎり条例。和歌山県みなべ町の条例。

　②次の中で，本当にある条例はどれ？（A：子ほめ条例　B：子しかり条例　C：子ばなれ条例）→正解は，A：子ほめ条例。鹿児島県志布志市の条例。

　③次の中で，本当にある条例はどれ？（A：ハートごはん条例　B：100歳になると金メダルがもらえる条例　C：愛する地球のために約束する条例）→正解は，全部。

(2) 発問 これらの条例は，どうしてあるのだろう？　　　　　　　　　　　✐ 2-1 原因・理由

　→（例）「梅干しでおにぎり条例は，和歌山県だから，地元の特産物をアピールする目的。梅干しだから健康にもいいかもしれない。」「子ほめ条例は，保護者だけでなく，まち全体で子育てをしようという気持ちが伝わってくる。」など。

(3) 発問 条例は，何のためにあるのだろう？　　　　　　　　　　　　　　✐ 2-1 原因・理由

　→（例）「その地域の課題を解決するため。」「住民の気持ちを一つにするため。」「自分の地域のことをアピールするため。」など。

(4) 活動 条例の制定など，地方自治のしくみをまとめよう！　　　　　　　✐ 2-3 まとめ

　・表の解答は省略。表だけでなく，首長と議会との関係や，選出方法など，地方自治の特徴となるしくみも確認する。

(5) パフォーマンス課題 自分たちのまちに必要な条例を1つ提案しよう！　　 ❗ 4-3 提案

　・地域の特徴や課題，特産物などから，必要な条例を提案する。

自分たちのまちをより良くするために ②

目標 地方自治のしくみを説明できる。

【活動１】条例は，何のためにあるのだろう？

【活動２】条例の制定など，地方自治のしくみをまとめよう！

内容	必要な署名	請求先
条例の制定，改廃		
事務の監査		
議会の解散		
議員・首長の解職		
主要な職員の解職		

【パフォーマンス課題】自分たちのまちに必要な条例を１つ提案しよう！

（条例の名前）	（必要な理由）

自分たちのまちをより良くするために ❺

▶ 単元内の位置付け

　本時では，本単元のまとめであり，単元全体の課題を考える。自分たちのまちの課題を発見し，それに対する解決策を出し合う。次に，その解決策のメリット・デメリットを考慮し，誰が，どのようなことを行うのか，どのような手続きが必要かなど，実現可能性を検討していき，外部と連携して実現に向けて取り組む。

▶ 指導言でわかる！授業の流れ

(1) パフォーマンス課題 自分たちのまちの課題を指摘し，解決策を提案しよう！

！4-3 提案

①自分たちのまちの課題は何だろう？

・地域のパンフレットや統計資料をもとに，自分たちのまちの課題を出し合う。
・資料だけでなく，普段の様子から考えたり，事前にアンケートをとることも有効である。

②その課題を解決するための解決策を書き出そう！

・出し合った課題に対する，解決策を出し合う。
・まずは，実現可能性を考える前に，自由に出し合うことで，多様な意見が出る。

③その解決策には，どのようなメリット・デメリットがあるだろう？

2-7 多面的　2-8 多角的

・出し合った解決策のメリット・デメリットを出し合う。
・その際に，いろいろな立場の視点からメリット・デメリットを考える。
・また，適用範囲によっては，場所ごとのメリット・デメリットの検討も必要である。

④その解決策の実現のためには，誰が，どのようなことを行えばよいだろう？

・解決策を実現するために，誰が，どのようなことを行うかを書き出す。
・この際に，他人事ではなく，自分も含めた住民に必要なことを考えることで，まちづくりを誰かがすることでなく，住民みんなでつくるものであることを意識する。

⑤どのような方法をとれば，その解決策は実現できるだろう？

・解決策を実行するために，必要な手続きを考える。その手続きを明確にし，授業後に外部の専門家と一緒に取り組みを進められれば，よりオーセンティックな活動となる。

自分たちのまちをより良くするために ⑤

目標 自分たちのまちの課題に対する解決策を提案することができる。

【パフォーマンス課題】自分たちのまちの課題を指摘し，解決策を提案しよう！

①自分たちのまちの課題は何だろう？

②その課題を解決するための解決策を書き出そう！

③その解決策には，どのようなメリット・デメリットがあるだろう？

メリット	デメリット

④その解決策の実現のためには，誰が，どのようなことを行えばよいだろう？

誰が	どのようなことを行えばよいか

⑤どのような方法をとれば，その解決策は実現できるだろう？

単元 **8**

日常生活にあふれる経済

単元構成のねらい

　本単元は，経済の導入の単元である。第1時では，経済活動の全体を捉え，学習の見通しを持つための学習を行う。その中で，経済の関わる人・モノなどを捉え，後の学習につなげていく。第2時以降では，主に個人に関わる経済の視点を扱う。日常の疑問や素朴な疑問を中心に構成し，個人に関わる経済の視点を獲得し，応用していく。

単元の概念構造

〈本質的な問い〉人は，どのように選択・判断し，行動するのだろう？

〈単元の問い〉日常生活の選択・判断・行動には，どのような経済の視点が影響しているのだろう？

〈考えさせたい視点〉

・希少性…あらゆるモノには限りがあり，場所によって「多い・少ない」があるため，価値が生まれる。そのために，経済活動が生まれる。

・トレードオフ…あるモノを選択すると，あるモノを失う。モノだけでなく，時間や幸福感など，目に見えないモノも含まれる。

・インセンティブとコスト…選択・判断するときには，インセンティブとコストの両面を考え，インセンティブがコストを上回ったときに，行動する。

オーセンティックな学びに近づけるポイント

知識の構築	経済の視点を活用する選択課題，意思決定課題を扱うことで，知識を構築する。また，複数の視点を扱うことで，多面的・多角的に考えるように促す。
学問に基づく探究	身近な事例や題材から経済の視点を捉えていく。本単元で学習したことをもとに，後の学習につなげていく。
学校を超えた価値	論争問題は扱わないが，身近な選択・判断の場面を扱うことで，単元での学習を現実の社会につなげる。

単元全体の課題設定のねらい

　本単元全体の課題は，模擬的な課題であり，単元で学習した見方・考え方を理解できているかを問う課題である。そのため，オーセンティックな課題としては不十分である。本単元で学習した見方・考え方を，後の単元で応用させることがねらいである。

78　〈経済〉

単元構成

単元全体の課題	ファイナンシャルプランナーとして，Ｄさんに生活費の最適プランを提案しよう！ 【オーセンティックＤ】 4－3 提案

パフォーマンス課題	○主発問　・サブ発問（課題）
❶パンが私たちの手元に届くまでの工程を，ポスターにまとめよう！ 【オーセンティックＤ】 2－3 まとめ	○商品は，どのような工程を経てつくられるのだろう？またどのような人たちが関わっているのだろう？　2－3 まとめ ・小麦をつくるところから，パンが私たちの手元に届くまで，どのような工程を経て，どのようなモノが必要で，どのような人が関わっているのだろう？ポスターにまとめよう！　2－3 まとめ
❷お金を知らないＡ国の住民に，お金の良さを説明しよう！ 【オーセンティックＤ】 2－3 まとめ	○お金には，どのような役割があるだろう？　2－3 まとめ ・次の中で，お金として使えるものはどれ？（※河原実践）2－6 分類 ・お金として使える条件とは何だろう？　2－1 原因・理由 ・無人島に漂着したら…？（帝国書院の教科書，もしも無人島に漂着したらと仮定したページを参照）
❸一日の生活の中での「経済選択」場面を３つ選び，意思決定の理由を説明しよう！ 【オーセンティックＢ】 2－4 例示	○日の生活の中に，どのような経済活動があるだろう？　2－6 分類 ・ダイヤモンドはどうして高いの？　2－1 原因・理由 ・空気や水にどうしてお金を払うの？　2－1 原因・理由 ・アリとキリギリスの話を，自分を主人公にした日常のストーリーにして，４コマでつくろう！　2－4 例示 ・どちらがどれだけつくるのが効率的だろう？（比較優位） 4—2課題解決
❹小学生からの質問「価格ってどうやって決まるの？」という質問に答えよう！ 【オーセンティックＤ】 2－3 まとめ	○価格はどのように決まるのだろう？　2－3 まとめ ・どうして飛行機のチケットは，時期によって価格が変わるのだろう？ 2－1 原因・理由 ・需要曲線，供給曲線を，具体例で説明しよう！　2－4 例示 ・独占，寡占の問題点は何だろう？　2－7 多面的
❺あなたの一人暮らしにかかる支出を想定してみよう！ 【オーセンティックＢ】 4—2課題解決	○日常生活で，どのように経済選択をしているのだろう？ 2－3 まとめ ・野原家の収入と支出を分類しよう！　2－6 分類 ・Ａさん，Ｂさん，Ｃさんの一人暮らしにかかる支出を想定してみよう！　2－4 例示 ・Ａさん，Ｂさん，Ｃさんの消費行動にアドバイスしよう！ 2－4 例示
❻企業の価格を抑える工夫を調べて発表しよう！ 【オーセンティックＤ】 2－4 例示	○商品は，どのようにして私たちの元に届くのだろう？　2－3 まとめ ・どうして同じ商品なのに，価格がちがうのだろう？ 2－1 原因・理由 ・どうして企業は，ポイントカードをつくるのだろう？ 2－1 原因・理由 ・自社ブランドには，どんなメリットがあるのだろう？ 2－1 原因・理由
❼クーリングオフ，PL法を紹介するロールプレイをつくろう！ 【オーセンティックＤ】 2－3 まとめ	○消費者の権利は，どのように支えられているのだろう？ 2－3 まとめ ・こんにゃくゼリー裁判→表示はどのように変わった？ 2－2 結果・影響 ・どの理由なら返品できるだろう？　2－5 比較 ・消費者の権利を守るために，国・企業・消費者はそれぞれどのような責任があるだろう？　2－8 多角的

【本単元の参考文献】

河原和之『100万人が受けたい「中学公民」ウソ・ホント？授業』明治図書，2012年

第2章　オーセンティックな学びを取り入れた授業展開＆ワークシート　79

日常生活にあふれる経済 ❶

▶ 単元内の位置付け

　本時は，経済単元の導入である。経済活動の全体を捉え，今後の見通しを持つための学習を行う。その中で，経済の関わる人・モノなどを捉え，後の授業での学習につなげていく。

▶ 指導言でわかる！授業の流れ

(1) パフォーマンス課題 小麦をつくるところから，パンが私たちの手元に届くまで，どのような工程を経て，どのようなモノが必要で，どのような人が関わっているのだろう？授業の最後に，ポスターにまとめてもらいます。

　　　　　　　　　　　　　　　　　　　　　　　　　　　　　　🖉 2-3 まとめ

(2) 活動 予想を書いてみよう！

　まずは個人で，どのような工程でパンが自分たちの手元に届くのか，予想を記述する。

(3) 活動 グループで予想を一つにまとめよう！

　個人で考えた予想を，グループで共有する。グループで検討し，グループでの予想を作成する。

(4) 活動 グループで書いた工程を，生産・加工・製造・販売・輸送の5つに分けよう！

工程	活動	必要なモノ
生産	小麦を育てる，小麦を収穫する，など	水，肥料，など
加工	小麦を製粉する，など	製粉の機械，工場，など
製造	小麦粉などの材料からパンを製造する，など	小麦粉，まな板，オーブン，など
販売	パンを店頭に並べ，販売する，など	レジ，トレイ，トング，など
輸送	小麦を製粉工場へ運ぶ，小麦粉をパン工場へ運ぶ，パンを店頭へ運ぶ，商品を消費者のところへ運ぶ，など	自動車，など

(5) 活動 教科書やタブレットを用いて，調べたことをメモしよう！

　教科書やタブレットを用いて，自分たちの予想と実際の工程が一致するかを確認しながら，調べたことをメモしていく。

(6) 活動 ポスターを完成させよう！

　調べたことをもとに，ポスターを作成する。

日常生活にあふれる経済 ①

[目標] 商品が手元に届くまでの工程や流れを説明できる。

【パフォーマンス課題】小麦をつくるところから，パンが私たちの手元に届くまで，どのような工程を経て，どのようなモノが必要で，どのような人が関わっているのだろう？

【活動１】予想を書いてみよう！

【活動２】工程を，生産・加工・製造・販売・輸送の５つに分けよう！

【活動３】教科書やタブレットで，調べたことをメモしよう！

【活動４】ポスターを完成させよう！

81

日常生活にあふれる経済 ❺

▶ 単元内の位置付け

　本時からの３時間は，主に消費者の視点・立場から経済を学習する。本時では，家計の収入と支出を扱い，それぞれの分類と消費選択に関わる意思決定を考えていく。身近な事例から，日常の選択・判断・行動を経済的な視点で捉えていく。

▶ 指導言でわかる！授業の流れ

(1) 活動 日本で一番有名な家族は？→「野比家」，「野原家」など。

・今回は，野原家を例に学習しましょう。

・野原家には，どのような支出があるだろう？人物を分担して考えよう！　✎2-6 分類

人物	支出
しんのすけ	(例) おもちゃ代（娯楽費），お菓子代（食料費），など
ひろし	(例) スーツ代（被服費），通勤の電車賃（交通費），飲み会代など
みさえ	(例) 家族の食事代，電話代（通信費），など
ひまわり	(例) おもちゃ代（娯楽費），など

(2) 活動 野原家には，どのような収入があるだろう？書き出してみよう！　✎2-6 分類

　→ (例)「ひろしの給料（給与所得）」など。

(3) 活動 Ａさん，Ｂさん，Ｃさんの一人暮らしにかかる支出を想定してみよう！　✎2-4 例示

・下のような設定を準備しておいて提示し，一人暮らしにかかる支出を計算する。帝国書院教科書，一人暮らしにかかるお金についてのページに掲載されているように，それぞれの項目を３択で選べるようにしておくと，スムーズに活動できる。

　(例) Ａさん：ショッピング大好き。休みの日に買い物をするのが生きがい。服もたくさん買うので，それなりの広さの家に住みたい。最新の流行を知るためにも，スマホは手放せない。

(4) 活動 Ａさん，Ｂさん，Ｃさんの消費行動にアドバイスしよう！　✎2-4 例示

・Ａ～Ｃさんそれぞれの支出の状況を踏まえて，収入に見合い，貯蓄もできるように消費行動へのアドバイスを考える。

　Ａさん：(例) ショッピングなどの被服費とスマホの通信費を優先すると，食料費や交通費，娯楽費を節約する必要があります。好きなことを楽しむために，他の部分の節約を心がけましょう。

(5) パフォーマンス課題 あなたの一人暮らしにかかる支出を想定してみよう！

！4-2 課題解決

・自分自身の将来や消費行動を考えて，一人暮らしにかかる支出を予想する。

日常生活にあふれる経済 ⑤

目標 収入と支出をそれぞれ分類し，消費行動を経済的な視点で捉えることができる。

【活動１】 野原家には，どのような支出があるだろう？人物を分担して考えよう！

人物	支出

【活動２】 野原家には，どのような収入があるだろう？書き出してみよう！

人物	収入

【活動３】 Ａさん，Ｂさん，Ｃさんの一人暮らしにかかる支出を想定してみよう！

	住居費	食料費	交通費	娯楽費	被服費	通信費	その他	合計
Ａさん								
Ｂさん								
Ｃさん								

【活動４】 Ａさん，Ｂさん，Ｃさんの消費行動にアドバイスしよう！

Ａさん	
Ｂさん	
Ｃさん	

【パフォーマンス課題】 あなたの一人暮らしにかかる支出を想定してみよう！

	住居費	食料費	交通費	娯楽費	被服費	通信費	その他	合計
あなた								

単元 9

企業とコラボ！オリジナル商品をつくろう！

単元構成のねらい

　本単元は，企業の活動から経済を学習する単元である。企業と連携し，オリジナル商品や目玉企画などの開発を一緒に進めていく。最近は積極的に受け入れてくださる企業も多い。その企画に向けて，１時間ごとにテーマを設定し，企画書を書き進めていくように単元を設計している。

単元の概念構造

〈本質的な問い〉

社会において，企業の役割とは何だろう？

〈単元の問い〉

企業は，どのように経営し，社会にどのように関わっているのだろう？

〈考えさせたい視点〉

・利潤追求…企業の目的は利潤追求であり，そのために様々な工夫がなされている。

・金融…金融のしくみによって経済を活性化させている。

・労働…労働環境が整えられる権利がある。労働の対価は賃金であるが，お金では表せない対価もある。

・CSR…企業は経営戦略のもと，お互いの利益となる社会的責任を行っている。

オーセンティックな学びに近づけるポイント

知識の構築	企画書の提出に向けて，学習したことをもとに多面的・多角的視点から企画を考え，知識を構築する。
学問に基づく探究	経済の様々な視点を踏まえて，自身の企画する内容を検討・修正し，より良い企画案にしていく。
学校を超えた価値	実際の企業の企画に携わるため，内容も，方法も，評価も，社会にとって価値があり，オーセンティックな課題である。

単元全体の課題設定のねらい

　本単元全体の課題は，企業への企画の提案であり，オーセンティックな課題である。企業との連携が可能であれば，実際の企画会議へ提案したり，提案内容に助言をいただいたり，協働で企画を考えたりするなど，多様な形態が考えられる。

84　〈経済〉

単元構成

単元全体の課題	企業とコラボ！企業に商品の企画書を提案しよう！（本稿では，パン屋の設定とする）【オーセンティックB】 `4-3 提案`

パフォーマンス課題	○主発問　・サブ発問（課題）
❶パン屋の企画書を書いてみよう！【オーセンティックB】`4-3 提案`	○企業は，どのような活動をしているのだろう？　`2-3 まとめ` ・パン屋には，どのようなモノが必要だろう？ ・あんぱんの値段，どうやって決める？ ・企業は，どのような目的で活動するのだろう？　`2-1 原因・理由`
❷パン屋の企業形態を決めよう！【オーセンティックB】`4-3 提案`	○どのような企業形態があり，それぞれの特徴は何だろう？　`2-3 まとめ` ・東インド会社は，損失リスクを減らすためにどのような方法で資金を集めただろう？ ・株式会社のメリットを，企業と株主に分けてまとめよう！　`2-8 多角的` ・企業形態ごとのメリット・デメリットをまとめよう！　`2-7 多面的`
❸パン屋の資金調達方法を決めよう！【オーセンティックB】`4-3 提案`	○どのような資金調達方法があり，それぞれの特徴は何だろう？　`2-3 まとめ` ・あなたなら，A〜Cのどの企業に投資する？　`2-5 比較` ・企業に投資？それとも銀行に預ける？　`2-5 比較` ・資金調達方法ごとのメリット・デメリットをまとめよう！　`2-7 多面的`
❹他のパン屋に負けないウリを決めよう！【オーセンティックB】`4-3 提案`	○企業はどのように競争し，その競争はどのような意味があるのだろう？　`2-3 まとめ` ・ひらかたパークのPR方法 ・価格を下げる競争の問題点は何だろう？　`2-7 多面的` ・競争が起こらない場合の問題点は何だろう？　`2-7 多面的`
❺パン屋の求人方法を決めよう！【オーセンティックB】`4-3 提案`	○労働者の権利は，どのように支えられているのだろう？　`2-3 まとめ` ・これってアリ？ナシ？アルバイト○×クイズ ・クイズの内容がなぜ「ナシ」なのかを説明しよう！　`2-1 原因・理由` ・（日本理化学工業株式会社のチョーク工場の動画を視聴し）人はどうして働くのだろう？　`2-1 原因・理由`
❻パン屋の労働環境を決めよう！【オーセンティックB】`4-3 提案`	○日本の労働環境はどのような特徴があり，どのように変化しているのだろう？　`2-3 まとめ` `2-5 比較` ・相撲の警備員の平均年収はいくらだろう？ ・年功序列型と成果主義のメリット・デメリットをまとめよう！　`2-5 比較` `2-7 多面的` ・資料から，日本の労働環境の現状と変化を読み取ろう！
❼CSRグランプリを決めよう！【オーセンティックD】`4-3 提案`	○企業は，社会でどのような責任が求められるのだろう？　`2-3 まとめ` ・どうして企業は，CSRを行うのだろう？　`2-1 原因・理由` ・みんなに紹介したいCSRを調べよう！
❽企業に企画書を提案しよう！【オーセンティックB】`4-3 提案`	・企業の企画担当者に，企画書を提案しよう！ ・企業担当者から，質問や意見，アドバイスをもらおう！ ・企画書を修正しよう！

【本単元の参考文献】

大山泰弘『「働く幸せ」の道―知的障がい者に導かれて』WAVE出版，2018年

第2章　オーセンティックな学びを取り入れた授業展開＆ワークシート　85

企業とコラボ！オリジナル商品をつくろう！

▶ 企画書：私のパン屋さん企画書

　ここでは，単元の中心として活用する「企画書」を紹介します。

　右頁の企画書は，帝国書院教科書，パン屋さんの起業についてのページを参考に作成したものです。単元「企業と経済」で学習する内容を概ね網羅できるように設計しています。

　企画書は，各時間の最後に，次のように活用します。

表　授業での企画書の活用方法

時数	授業内容	企画書の活用
第1時	企業の目的や活動内容	企画書の全体を捉え，学習の見通しを立てる。 企画書左欄①「企業名」「場所」「理由」を記述する。
第2時	企業形態	企画書左欄②の行「企業形態」を選び，その理由を記述する。
第3時	金融	企画書左欄③の行「資金」とその「内訳」「調達方法」を記述する。
第4時	企業競争	企画書左欄④の行「目玉商品」とその「商品名・価格」「内訳や理由，ウリ」「PR（宣伝）方法」を記述する。
第5時	働くことの意義 労働者の権利	企画書左欄⑤の行「従業員数」「人材の募集方法」を記述する。
第6時	労働環境	企画書左欄⑥の行「その他」の欄に，労働環境やその他伝えたい内容を記述する。
第7時	企業の社会的責任	企画書左欄⑦の行「企業の社会的責任」を記述する。 企画書をすべて完成させる。
第8時	企画書の提案	完成した企画書をもとに，企業担当者に提案する。

　右の企画書は，あくまで一例です。教科書の内容を網羅できるように設計していますので，授業の進め方によって，変更可能です。

　また，企業とコラボして学習を進める場合も，企画書の変更が必要になります。オリジナル商品を提案する場合は，それに特化した企画書になるでしょう。

　右の企画書を叩き台として，それぞれの学習に合う形の企画書を作成してください。

私のパン屋さん企画書

3年（　）組（　）番　名前（　　　　　　　）

①	企業名	場所	理由
②	企業形態	店舗販売 ・ 移動販売 ・ ネット販売 ・ その他（　　　）	理由
⑤	従業員数　　　　　人	人材の募集方法	
③	資金（初期費用）　　　　円	内訳 / 調達方法	
④	目玉商品	商品名 / 価格　　　円	内訳や理由、ウリ
⑦	PR（宣伝）方法		
⑦	企業の社会的責任（CSR）		
⑥	その他		

企業とコラボ！オリジナル商品をつくろう！❺

▶ 単元内の位置付け

本時では，労働をテーマとする。前半は，労働者の権利について学習する。後半は，「なぜ働くのか」をテーマに，働くという社会的価値について考え，自身の生き方につなげていく。

▶ 指導言でわかる！授業の流れ

(1) クイズ これってアリ？ナシ？アルバイト〇×クイズ

　①飲食店でのバイト中に，コップを割ってしまった。店長に謝ったが，給料からコップ代を差し引かれた。→「ナシ」

　②レジの計算を間違えたら，店長が怒り，「こんなこともできないなら，明日から来なくていい」と，辞めさせられた。→「ナシ」

(2) 活動 クイズの内容がなぜ「ナシ」なのかを説明しよう！　

　①→（例）「仕事中の失敗で，給料が減らされるのはおかしい。契約違反である。」

　②→（例）「正当な理由なく，いきなり辞めさせられるのはおかしい。契約違反である。」

　このように，今後のバイト先や職場で起こりえる事例をもとに，労働者にも権利があり，正しい知識を知ることの重要性を伝える。

(3) 発問 そもそも，人はどうして働くのだろう？

　→（例）「お金をかせぐため」「自分の好きなことを続けられる」

(4) 発問 （日本理化学工業株式会社のチョーク工場の動画を視聴し）人はどうして働くのだろう？

　→（例）「人間の４つの幸福である，①人に愛されること，②人にほめられること，③人の役に立つこと，④人に必要とされること，を満たすため。」「人それぞれ，働く目的はちがう。」など。

(5) パフォーマンス課題 パン屋の求人方法を決めよう！

・求人方法とその内容（勤務時間，報酬，その他の条件など）を記述する。

・ワークシートへの記述した後，企画書の記述を進める。

企業とコラボ！オリジナル商品をつくろう！ ⑤

目標 労働者の権利と働く意味について説明できる。

【活動１】クイズの内容がどうして「ナシ」なのかを説明しよう！

①飲食店でのバイト中に，コップを割ってしまった。店長に謝ったが，給料からコップ代を差し引かれた。	（説明）
②レジの計算を間違えたら，店長が怒り，「こんなこともできないなら，明日から来なくていい」と，辞めさせられた。	（説明）

【活動２】人はどうして働くのだろう？

（自分で考えたこと）
（動画を観て，考えたこと）

【パフォーマンス課題】パン屋の求人方法を決めよう！

求人方法	勤務時間	報酬	その他の条件

89

企業とコラボ！オリジナル商品をつくろう！ ❼

▶ 単元内の位置付け

　本時では，企業の社会的責任をテーマとする。一見，損をするように思われるボランティア活動も，長期的な視点で考えると，企業や商品の認知度を高め，好印象を与えるなど，メリットが大きい。慈善活動という視点ではなく，企業の戦略としての社会的責任の意義を考えさせたい。

▶ 指導言でわかる！授業の流れ

(1) クイズ （被災地で炊き出しを行う企業の写真を提示し）何をしているのだろう？

　　→「テントで食べ物を配っている。」「被災者にタダで配っているのでは？」

　　・「どうして儲からないのに，そんなことするの？」

　　→「困っている人を助けたいから」「印象を良くするため」

(2) 説明 企業の社会的責任（CSR）の説明

　　・ボランティア活動だけでなく，様々な種類や領域の CSR があることを確認する。

(3) 発問 どうして企業は，CSR を行うのだろう？　　　　　　　　　🖉 2－1 原因・理由

　　・慈善的な意味合いもあるが，第一義的には企業の経営戦略であり，お互いの利益になることを確認する。

(4) 活動 みんなに紹介したい CSR を調べよう！

　　・それぞれで調べたい企業を選び，取り組みを調べる。

　　・調べた内容を，ワークシートにまとめる。

(5) パフォーマンス課題 CSR グランプリを決めよう！　　　　　　　　❗4－3 提案

　　①グループ内で，それぞれの調べた CSR を発表する。

　　②グループ内で，代表 CSR を決める。

　　③各グループの代表 CSR を，クラスで発表する。

　　④クラスの CSR グランプリを決める。

　　⑤時間が足りなければ，プリント配布やタブレットを活用して時間外投票を行う。

　　⑥CSR グランプリは，歴史的分野と連携した実践も可能である。

拙著『オーセンティックな学びを取り入れた中学校歴史授業＆ワークシート』明治図書，2023年，pp.98-99

企業とコラボ！オリジナル商品をつくろう！ ⑦

目標 企業の社会での役割を説明できる。

【活動 I】どうして企業は，企業の社会的責任（CSR）を行うのだろう？

企業の社会的責任を行う	←	・ ・ ・ ・

【パフォーマンス課題】企業の社会的責任（CSR）グランプリを決めよう！

企業名	企業の社会的責任（CSR）	選んだ理由

他のメンバーの選んだ企業の社会的責任（CSR）

企業名	企業の社会的責任（CSR）	選んだ理由

単元 10

日本経済の課題の解決策を提案しよう！

単元構成のねらい

　本単元は，国家規模・世界規模の経済を扱う。景気や為替などが社会にどのように影響を与えるか，また，どのような対策が必要かを学習する。そして，学習した視点をもとに，日本経済の課題を発見し，それに対する解決策を提案する。

単元の概念構造

〈本質的な問い〉現代社会において，日本経済はどのような道を歩むべきだろう？

〈単元の問い〉日本経済にはどのような課題があり，どのように解決すべきだろう？

〈考えさせたい視点〉

・景気：好景気・不景気の波があり，社会全体の経済活動にも影響を与える。政府や日本銀行は，景気を安定させるための措置を講じる。

・為替：為替の変動は，企業や消費者，社会全体の経済活動に影響を与える。

・多国籍企業：複数の国にまたがる経済活動システムを構築する企業が増えている。中には，国以上に世界に大きな影響を与える企業もある。

オーセンティックな学びに近づけるポイント

知識の構築	日本経済の課題とそれに対する解決策を考えるために，経済の概念をもとに多面的・多角的に考察し，知識を構築する。
学問に基づく探究	景気，為替，多国籍企業などの視点を用いて，大きな規模での経済活動を分析し，日本経済の課題と解決策を探究する。
学校を超えた価値	現実の社会で起こる，日本経済の課題を自身で発見するため，オーセンティックな課題である。社会への影響という点では，不十分である。

単元全体の課題設定のねらい

　本単元全体の課題は，学習した視点をもとに，自身で課題を発見し，それに対する解決策を提案するものである。議論や集団での解決を重視する場合は，1つの課題をあらかじめ設定することも可能である。学校外の徴収へ提案する場面などがあれば，さらにオーセンティックな課題となる。

92　〈経済〉

単元構成

単元全体の課題	現代の日本経済の課題を指摘し，解決策を提案しよう！ 【オーセンティックC】 4-3 提案
パフォーマンス課題	○主発問　・サブ発問（課題）
❶一人10万円給付の政策に賛成？反対？ 【オーセンティックC】 4-4 評価	○どうしてインフレ・デフレが起こるのだろう？　2-1 原因・理由 ・（お札で遊ぶ子ども，100兆ジンバブエドル，59円ハンバーガーを提示し）どうしてこうなったのだろう？　2-1 原因・理由 ・インフレ・デフレの流れを4コマで説明しよう！　2-3 まとめ ・インフレ・デフレ時の政府の対策を説明しよう！　2-5 比較
❷バブル経済終盤にタイムスリップ！とるべき対策を説明しよう！ 【オーセンティックD】 4-2 課題解決	○日本銀行には，どのような役割があるのだろう？　2-3 まとめ ・日本銀行クイズ ・日本銀行の役割を説明しよう！　2-3 まとめ ・日本銀行の金融政策を説明しよう！　2-3 まとめ ・バブル時代のバブリークイズ ・どうしてバブルは起こり，崩壊したのだろう？　2-1 原因・理由
❸現代の日本経済の課題について，専門家の意見を分類・評価しよう！ 【オーセンティックD】 2-6 分類　2-9 評価	○円高・円安時には，どのような取り組みが必要だろう？　2-3 まとめ ・円高・円安ゲーム ・円高時・円安時のメリット・デメリットをまとめよう！　2-7 多面的 ・多国籍企業が増えることのメリット・デメリットをまとめよう！　2-7 多面的
❹現代の日本経済の課題を指摘し，解決策を提案しよう！ 【オーセンティックC】 4-3 提案	○現代の日本の経済の課題は何だろう？　4-4 評価 ・現代の日本経済の課題は何だろう？　4-4 評価 ・その課題は，どのようなことが原因で起きているのだろう？　2-1 原因・理由 ・その課題を解決するためには，どうすればいいだろう？　4-3 提案

第2章　オーセンティックな学びを取り入れた授業展開＆ワークシート　93

日本経済の課題の解決策を提案しよう！ ❶

▶ 単元内の位置付け

　本時では，景気の変動の起きる流れと，それに対する政府の政策を学習する。それぞれを学習した上で，一人10万円給付の政策のメリット・デメリットを考え，政策の是非を検討する。

▶ 指導言でわかる！授業の流れ

(1) クイズ （それぞれの写真を提示し）どうしてこうなったのだろう？　　　　🖉 2−1 原因・理由

　①お札で遊ぶ子ども（第一次世界大戦後のドイツ）

→（例）「多額の賠償金を求められたドイツは，経済が破綻した。」「インフレによって，お金の価値が極端に下がったから，紙幣が紙切れ同然になった。」など。

　②100兆ジンバブエドル

→（例）「ドイツと同じで，インフレによって，お金の価値が極端に下がったから。」など。

　③59円ハンバーガー

→（例）「デフレでお金の価値が上がった。」「安くしないと，買ってもらえない。」など。

(2) 活動 インフレ・デフレの流れを4コマで説明しよう！　　　　🖉 2−3 まとめ

・イラストでも文章でも構わない。得意な方法で説明する。

・インフレ：（例）「モノが売れる　→　会社がもうかる　→　給料が上がる　→　さらにモノを買おうと考える」など。

・デフレ：（例）「モノが売れない　→　会社がもうからない　→　給料が下がる　→　モノを買わない・買えないと考える」など。

(3) 活動 インフレ・デフレ時の政府の対策を説明しよう！　　　　🖉 2−5 比較

・インフレ：（例）「公共事業を減らすなど，景気が過熱し過ぎないようにする。」など。

・デフレ：（例）「公共事業を増やすなど，失業者を減らす政策を行う。」など。

(4) パフォーマンス課題 一人10万円給付の政策に賛成？反対？　　　　❗4−4 評価

・賛成側の理由：（例）「給付されると，お金に余裕ができ，買いたいと考え，モノが売れ，景気が回復する。なので，給付は景気を回復させるので賛成。」など。

・反対側の理由：（例）「10万円をただ給付するだけだと，使わない人が多い。お金のばらまきとなり，インフレが起こる可能性がある。」など。

日本経済の課題の解決策を提案しよう！ ①

目標 景気の変動とその影響，政府の政策を説明できる。

【活動１】インフレ・デフレの流れを４コマで説明しよう！

（インフレ）			
（デフレ）			

【活動２】インフレ・デフレ時の政府の対策を説明しよう！

インフレ時の対策	
デフレ時の対策	

【パフォーマンス課題】一人10万円給付の政策に賛成？反対？

立場	理由	ちがう立場への反論
賛成 ・ 反対		

単元 11

日本財政に物申す！

単元構成のねらい

　本単元は，経済の最後の単元である。日本の財政の特徴をつかみ，課題に対する解決策を提案する。歳入の面では，税制の公平性とは何か，どうすべきかを，現状を踏まえて考える。歳出の面では，社会保障をはじめとして多くの費用が必要となる状況を踏まえ，何を優先すべきかを考える。そして，財政の面から，国の進むべき道を提案する。

単元の概念構造

〈本質的な問い〉個人や社会全体の幸福のために，国家はどのように介入すべきだろう？

〈単元の問い〉日本の財政にはどのような課題があり，どのように解決すべきだろう？

〈考えさせたい視点〉

・税の公平性：水平的公平，垂直的公平，世代間の公平など，負担の公平性には，様々な考え方があり，その国の実情に合わせた制度設計が必要である。

・大きな政府・小さな政府：個人や社会全体の幸福のために，政府がどのように（範囲と程度，優先順位など）介入すべきか，社会状況を踏まえた政府のあり方が問われる。

オーセンティックな学びに近づけるポイント

知識の構築	日本の財政の課題とその解決策を提案するために，経済の概念をもとに，多面的・多角的に考察し，知識を構築する。
学問に基づく探究	税の公平性，社会保障の優先度など，財政に関わる見方・考え方を用いて，日本の財政の課題とその解決策を探究する。
学校を超えた価値	現代社会の課題である財政に関する具体的な解決策を提案する課題である。学校外に提案する課題となれば，社会に価値のある課題となる。

単元全体の課題設定のねらい

　本単元全体の課題は，現代社会の課題である財政に関する具体的な解決策を提案するものである。現実の社会の課題であるため，オーセンティックな課題である。子どもとの距離がある課題であるので，切実性を持たせた上での議論が重要となる。学校外に提案する課題となれば，さらにオーセンティックな課題となる。

96　〈経済〉

単元構成

単元全体の課題	日本の財政の課題を1つ指摘し，具体的な解決策を提案しよう！【オーセンティックC】 4-3 提案
パフォーマンス課題	**○主発問　・サブ発問（課題）**
❶救急車の有料化に賛成？反対？【オーセンティックB】 3-3 価値判断 4-1 意思決定	○経済において，政府はどのような役割を果たしているのだろう？ 2-3 まとめ ・東京オリンピックで使われたお金クイズ ・教室・教育にかかるお金はいくら？ ・「もしも，○○が有料になったら…？」どうなるだろう？メリット・デメリットを考えよう！ 2-7 多面的 ・好況・不況時の財政政策を説明しよう！ 2-3 まとめ
❷所得税の累進課税制強化に賛成？反対？【オーセンティックB】 3-3 価値判断 4-1 意思決定	○水平的公平？垂直的公平？世代間の公平？税はどのように徴収すべきだろう？ 4-2 課題解決 ・税金のかかるもの，かからないものクイズ ・税の種類をまとめよう！ 2-6 分類 ・日本の税制を他国と比較しよう！ 2-5 比較 ・消費税を増やすことによるメリット・デメリットをまとめよう！ 2-7 多面的
❸社会保障制度改革，次の3つの方針から1つ選び，その具体策を提案しよう！（①歳入を増やす，②歳出を減らす，③その他）【オーセンティックC】 4-3 提案	○これからの社会保障制度は，どうあるべきだろう？ 3-3 価値判断 4-1 意思決定 ・どうして保険証があると，安くなるのだろう？ ・社会保障制度を分類しよう！ 2-6 分類 ・日本の社会保障制度を，他国と比較しよう！ 2-5 比較 ・社会保障制度改革の3つの方針から1つ選ぼう！（①歳入を増やす，②歳出を減らす，③その他） 2-5 比較
❹大きな政府か小さな政府，日本はどちらに進むべきだろう？【オーセンティックC】 3-3 価値判断 4-1 意思決定	○大きな政府？小さな政府？どちらに進むべきだろう？ 3-3 価値判断 4-1 意思決定 ・A国かB国，どちらに住みたい？ 2-5 比較 ・アメリカとスウェーデンの国民負担と福祉のメリット・デメリットをまとめよう！ 2-5 比較 2-7 多面的 ・日本の国民負担と福祉の現状を，他国と比較しよう！ 2-5 比較
❺日本の財政の課題を1つ指摘し，解決策を提案しよう！【オーセンティックC】 4-3 提案	・日本の財政の課題は何だろう？ 4-4 評価 ・その課題は，どのようなことが原因で起きているのだろう？ 2-1 原因・理由 ・その課題を解決するためには，どうすればいいだろう？ 4-3 提案

第2章　オーセンティックな学びを取り入れた授業展開&ワークシート　**97**

日本財政に物申す！ ❶

▶ 単元内の位置付け

　本時では，財政の単元の導入である。子どもたちのイメージしやすい事例から財政の歳出部分を扱い，多くの税金が必要となることを学習する。そして，サービスが有料化された場合のメリット・デメリットを考え，財政の視点を養う。

▶ 指導言でわかる！授業の流れ

(1) クイズ （写真を提示し）これは何でしょう？→「国立競技場」

・「建設費は，いくらかかっただろう？」→「約1569億円」

・「誰が支払ったの？」→「国」「東京都」「日本スポーツ振興センター」

・「東京オリンピックで使われたお金は？」→「約1兆4238億円」

(2) クイズ 教室・教育にかかるお金はいくら？

・「国全体で，教科書はいくらかかる？」→「約463億円」

・「授業料や教員の給料はいくらかかる？」→「約1兆5347円」

・「公立学校の義務教育9年間で，子ども一人に対していくらかかる？」→「約1000万円」

(3) 活動 「もしも，○○が有料になったら…？」どうなるだろう？メリット・デメリットを考
えよう！　　　　　　　　　　　　　　　　　　　　　　　　　　　✎ 2-7 多面的

・楽しく想像しながら，メリット・デメリットを考える。デメリットが多く，社会全体のために，国の政策やサービスが重要であることを確認する。

①義務教育の学校が有料になったら…？

・メリット：(例)「今より授業を一生懸命受けるかもしれない…。」など。

・デメリット：(例)「お金に余裕のない家庭は，教育を受けられなくなる。」など。

②警察が有料になったら…？

・メリット：(例)「警察官が増えて，巡回を多くしてくれそう。」など。

・デメリット：(例)「困ったときに，お金がないと相談できなくなる。」など。

(4) 活動 好況・不況時の財政政策を説明しよう！　　　　　　　✎ 2-3 まとめ

・好況時：(例)「税金を増やす」「公共事業を減らす」など。

・不況時：(例)「税金を減らす」「公共事業を増やす」など。

(5) パフォーマンス課題 救急車の有料化に賛成？反対？　　❓ 3-3 価値判断　❗ 4-1 意思決定

→賛成：(例)「緊急ではないときの利用を減らすことができる。」など。

→反対：(例)「本当の緊急時に，お金を気にして利用できなくなる。」など。

日本財政に物申す！　①

目標 国によるサービスや公共事業の役割を説明できる。

【活動１】「もしも，○○が有料になったら…？」どうなるだろう？メリット・デメリット
　　　　　を考えよう！

①義務教育の学校が有料になったら…？

メリット	デメリット

②警察が有料になったら…？

メリット	デメリット

【活動２】好況・不況時の財政政策を説明しよう！

好況時の 財政政策	
不況時の 財政政策	

【パフォーマンス課題】救急車の有料化に賛成？反対？

立場	理由	違う立場への反論
賛成 ・ 反対		

日本財政に物申す！ ❹

▶ 単元内の位置付け

　本時では，高負担・高福祉の国と低負担・低福祉の国とを比較し，日本の現状を踏まえて進むべき道を提案するものである。諸外国との比較にとどまるのではなく，日本の現状を踏まえた，将来のための視点で議論させたい。

▶ 指導言でわかる！授業の流れ

(1) 活動 A国かB国，どちらに住みたい？ 〔2-5 比較〕

・架空の国の設定でどちらに住みたいかを聞き，自由に議論させる。

・議論した後に，A国はアメリカ，B国はスウェーデンをモデルとしていることを伝える。

(2) 活動 アメリカとスウェーデンの国民負担と福祉のメリット・デメリットをまとめよう！

〔2-5 比較〕〔2-7 多面的〕

・アメリカのメリット：(例)「負担する額が少ない」など。

・アメリカのデメリット：(例)「サービスが少ない」など。

・スウェーデンのメリット：(例)「手厚いサービスが受けられる」など。

・スウェーデンのデメリット：(例)「負担する額が多い」など。

(3) 活動 日本の国民負担と福祉の現状を，他国と比較しよう！ 〔2-5 比較〕

→ (例)「スウェーデンなどのヨーロッパの国々と比べれば，負担も福祉も少ない。一方で，アメリカなどと比べれば，負担も福祉も多い。」など。

(4) 活動 社会保障制度に関する日本の現状をまとめよう！ 〔2-3 まとめ〕

→ (例)「高齢者の割合が増え，今後も高齢化社会が加速する。」「国の借金である国債を多く発行している。」「貧富の差が拡大している。」など。

(5) パフォーマンス課題 大きな政府か小さな政府，日本はどちらに進むべきだろう？

【オーセンティックC】 〔? 3-3 価値判断〕〔! 4-1 意思決定〕

→ (例)「大きな政府。少子高齢化が進み，今後高齢者に対する社会のサポートが不可欠になるから。」「小さな政府。現状でも財政がひっ迫しているのに，これ以上福祉を増やすには限界がある。それなら福祉を民間企業や個人に任せる方がいい。」など。

日本財政に物申す！　④

目標 日本の現状を踏まえた社会保障制度を提案することができる。

【活動１】アメリカとスウェーデンの国民負担と福祉のメリット・デメリットをまとめよう！

	メリット	デメリット
アメリカ		
スウェーデン		

【活動２】日本の国民負担と福祉の現状を，他国と比較しよう！

【活動３】社会保障制度に関する日本の現状をまとめよう！

【パフォーマンス課題】大きな政府か小さな政府，日本はどちらに進むべきだろう？

立場	理由	反対の立場への反論
大きな政府 ・ 小さな政府		

101

単元 12

平和な世界の実現のために

単元構成のねらい

　本単元は,「国際」の大単元の中で,地球規模で解決すべき安全保障,紛争の解決などを扱う。2024年時点で,解決すべきなのに解決し難い課題となっている,「ロシアのウクライナ侵攻」を中心課題として扱う。この課題に対して,領土・国際連合・紛争・難民・核・地域機構などのテーマから学習し,地理的要因や歴史的背景を踏まえて,多面的・多角的に考え,解決策を提案する。

単元の概念構造

〈本質的な問い〉紛争の起こらない社会の実現には,どのようなことが必要なのだろう?

〈単元の問い〉ロシアのウクライナ侵攻は,どうすれば解決できるのだろう?

〈考えさせたい視点〉

・領土:国家は領土や国民を守る義務がある。国家間の主張や思惑がちがうと領土問題となることがあり,国際法でも解決が難しい。

・国際連合:国際協調・平和の実現を目的に組織されたものである。しかし,それぞれの国の思惑や,制度的限界などがあり,解決が困難な事例も多い。

・核:核兵器の残虐性から核抑止の動きはみられる。一方で,核による紛争の抑止という面もあり,廃絶が難しい状況である。

・地域機構:地域の安全保障と経済的協力という面で進められるが,機構の内外での対立もあり,紛争に発展する場合もある。

オーセンティックな学びに近づけるポイント

知識の構築	ロシアのウクライナ侵攻の平和的解決に向けて,情報をまとめ,多様な視点や立場を考慮して意見を組み立てるために,知識を構築する。
学問に基づく探究	課題に関わる,領土・国際連合・地域機構などのテーマごとに,重要な概念を扱い,課題に照らし合わせて探究を行う。
学校を超えた価値	現実の社会で起こる課題を扱うため,オーセンティックな課題である。学校外への発信の機会があれば,よりオーセンティックな課題となる。

単元全体の課題設定のねらい

　本単元全体の課題は，現実に起こる課題を扱うため，オーセンティックな課題である。しかし，現実社会への働きかけとしては，不十分である。外部に発信するなどの提案方法を用いれば，さらにオーセンティックな課題となる。

単元構成

単元全体の課題	ロシアのウクライナ侵攻を多面的・多角的に捉え，平和的な解決策を提案しよう！ 【オーセンティックC】 `4−3 提案`
パフォーマンス課題	○主発問　・サブ発問（課題）
❶ロシアのウクライナ侵攻に関する情報を，地理・歴史・国際法の観点でまとめよう！ 【オーセンティックC】 `4−3 提案`	○領土は，どのように決まるのだろう？　`2−3 まとめ` ・ロシアのウクライナ侵攻について，知っていることを書き出そう！ ・どうしてロシアはウクライナに侵攻したのだろう？　地理的な視点で考えよう！　`2−1 原因・理由` ・どうしてロシアはウクライナに侵攻したのだろう？　歴史的な視点で考えよう！　`2−1 原因・理由`
❷日本の領土を巡る争いを１つ選び，現状と原因，解決策をまとめよう！ 【オーセンティックC】 `4−3 提案`	○領土問題は，なぜ起こり，どのように解決すべきだろう？　`2−1 原因・理由` `4−3 提案` ・領土問題から１つ選ぼう！ ・選んだ領土問題の経緯を，年表にまとめよう！　`2−3 まとめ` ・領土問題へのお互いの主張をまとめよう！　`2−5 比較` ・領土問題の可能な解決策を書き出そう！　`4−3 提案`
❸国際連合の課題を指摘し，解決策を提案しよう！ 【オーセンティックC】 `4−3 提案`	○国際連合のしくみと役割，課題は何だろう？　`2−9 評価` ・どうして国際連合ができたのだろう？　`2−1 原因・理由` ・国際連合があるのに，どうしてロシアの侵攻を防げなかったのだろう？　`2−1 原因・理由` `2−7 多面的` ・国際連合には，どのような課題があるだろう？　`2−7 多面的`
❹日本は，難民に対してどのような支援を行うべきだろう？ 【オーセンティックC】 `4−3 提案`	○紛争はなぜ起こり，難民問題はどのように解決すべきだろう？　`2−1 原因・理由` `4−3 提案` ・紛争は，どのような理由で起こるのだろう？　`2−1 原因・理由` ・紛争によって，どのような問題が起こるのだろう？　`2−2 結果` ・日本は，難民に対してどのような支援を行うべきだろう？それぞれの支援の方法のメリット・デメリットをまとめよう！　`2−7 多面的`
❺核禁止？核抑止？日本はどうすればよいだろう？ 【オーセンティックC】 `4−3 提案`	○なぜ核兵器はなくならないのだろう？　`2−1 原因・理由` ・核抑止とは何だろう？　`2−3 まとめ` ・核兵器の削減に向けた取り組みをまとめよう！　`2−3 まとめ`
❻世界の紛争を減らすための，地域機構のあり方を提案しよう！ 【オーセンティックC】 `4−3 提案`	○国際協調のために，どのような地域機構が必要だろう？　`4−2 課題解決` ・ロシアのウクライナ侵攻とEUはどのように関係しているだろう？　`2−2 結果` ・地域機構には，どのような役割があるだろう？　`2−3 まとめ`
❼ロシアのウクライナ侵攻を多面的・多角的に捉え，平和的な解決策を提案しよう！ 【オーセンティックC】 `4−3 提案`	○平和を守るために，どのようなことが必要だろう？　`4−2 課題解決` ・ロシアのウクライナ侵攻について，それぞれの立場の主張と，どう関わるべきかをまとめよう！（ウクライナ，ロシア，国際連合，EU，アメリカ，中国，日本）　`2−8 多角的` ・ロシアのウクライナ侵攻に対して，日本は何ができるだろう？　`4−2 課題解決`

第2章　オーセンティックな学びを取り入れた授業展開&ワークシート　103

平和な世界の実現のために ❹

▶ 単元内の位置付け

　本時では，紛争・難民の観点から，ロシアのウクライナ侵攻の課題を学習する。まず，紛争が起こる原因と，紛争の結果，難民が生まれることを学ぶ。次に，ロシアのウクライナ侵攻で生まれた難民について知り，日本の難民支援について考える。

▶ 指導言でわかる！授業の流れ

(1) 発問 （いくつかの紛争の映像を視聴し）紛争は，どのような理由で起こるのだろう？

🖉 2−1 原因・理由

　→「モノの奪い合い」「領土の奪い合い」「宗教の対立」など。

(2) 発問 紛争によって，どのような問題が起こるのだろう？

🖉 2−2 結果

　→「死者が出る」「家がなくなる」「憎しみが生まれる」など。

(3) UNHCR の動画を視聴し，紛争などによって，難民が生まれることに気づく。

(4) クイズ 難民クイズ

　①2021年現在，難民は何人いる？（３択）A：100万人　　B：1000万人　　C：1億人

　→１億人

　②つまり，世界の（　　　）人に１人が難民となり，故郷を追われている。

　→78人

(5) UNHCR の動画を視聴し，UNHCR の活動を知る。

(6) 活動 日本は，難民に対してどのような支援を行うべきだろう？それぞれの支援の方法のメリット・デメリットをまとめよう！

🖉 2−7 多面的

支援	メリット	デメリット
①	（例）広く難民を救うことができる。	（例）文化の違いによるトラブル，財政面の課題が出る。
②	（例）可能な範囲で，難民を救うことができる。	（例）文化の違いによるトラブル，財政面の課題が出る。審査が難しい。
③	（例）国内での混乱を避けられる。	（例）直接的な支援にならない。
④	（例）国内のデメリットが少ない。	（例）難民への支援が不十分になる。

(7) パフォーマンス課題 日本は，難民に対してどのような支援を行うべきだろう？

❗4−3 提案

　①日本における難民申請者数の推移，②日本における難民認定数と難民認定率の推移，③日本における国籍別難民申請者数，④日本における男女別・年齢別難民申請者数，⑤難民の支援を巡る様々な意見，などの資料をもとに考える。

平和な世界の実現のために ④

|目標| 難民をめぐる状況を踏まえ，日本の行う難民支援のあり方を提案できる。

【活動１】紛争は，どのような理由で起こるのだろう？

【活動２】紛争によって，どのような問題が起こるのだろう？

【活動３】日本は，難民に対してどのような支援を行うべきだろう？
それぞれの支援の方法のメリット・デメリットをまとめよう！

支援方法	メリット	デメリット
①難民を，広く受け入れるべき		
②難民を，諸外国並みに受け入れるべき		
③国際機関への資金援助を優先すべき		
④現状のままでよい		

【パフォーマンス課題】日本は，難民に対してどのような支援を行うべきだろう？

（立場）	（理由）

平和な世界の実現のために ❼

▶ 単元内の位置付け

　本時では，これまでの単元の学習を踏まえて，ロシアのウクライナ侵攻を様々な立場で考える。そして，多面的・多角的に考えた上で，平和的な解決策を提案する。

▶ 指導言でわかる！授業の流れ

(1) ロシアのウクライナ侵攻に関するニュース映像を視聴し，状況を確認する。

(2) 活動 ロシアのウクライナ侵攻について，それぞれの立場の主張と，どう関わるべきかをまとめよう！　　　　　　　　　　　　　　　　　　　　　　　　　　　✏ 2－8 多角的

　→（例）国際連合
　・ロシアのウクライナ侵攻に対する主張：「侵攻をやめさせたいが，常任理事国のロシアの行動であるため，動けない。」など。
　・どう関わるべきか：「安全保障理事会は動けないため，総会などの機関から働きかける。国際連合のしくみ自体を見直し，大国に頼らない組織にしないといけない。」など。
　→（例）ヨーロッパ連合（EU）
　・ロシアのウクライナ侵攻に対する主張：「ヨーロッパの安全を守るために，ロシアに対するさらなる団結と対策が必要。」など。
　・どう関わるべきか：「侵攻をやめれば，経済面での協力を約束する。」など。

(3) 発問 ロシアのウクライナ侵攻に対して，日本は何ができるだろう？　　　❗ 4－2 課題解決
　→（例）「経済援助。」「国際的な場で発信していく。」「難民を受け入れる。」など。

(4) パフォーマンス課題 ロシアのウクライナ侵攻を多面的・多角的に捉え，平和的な解決策を提案しよう！　　　　　　　　　　　　　　　　　　　　　　　　　　❗ 4－3 提案
　単元全体の課題である。これまでの学習を踏まえた平和的な解決策を提案する。提案方法は，次のような方法が考えられる。
　・単元ポートフォリオでの意見文の作成：通常通りの課題である。意見文をもとに，後の時間に討論（口頭・紙上）を行うことも可能である。また，学校外へ提出することも可能である。
　・パワーポイントの作成：パワーポイントで作成したものを，学校全体の集会で発表したり，後輩へプレゼン発表したり，学校外の方へプレゼン発表することも可能である。
　・提言動画の作成：多様な方法で動画を作成し，範囲を決めた上で発信することも可能である。

平和な世界の実現のために ⑦

目標 ロシアのウクライナ侵攻を多面的・多角的に捉え，平和的な解決策を考えることができる。

【活動１】ロシアのウクライナ侵攻について，それぞれの立場の主張と，どう関わるべきかをまとめよう！

	ロシアのウクライナ侵攻に対する主張	どう関わるべきか
ウクライナ		
ロシア		
国際連合		
ヨーロッパ連合（EU）		
アメリカ		
中国		
日本		

【活動２】ロシアのウクライナ侵攻に対して，日本は何ができるだろう？

【パフォーマンス課題】ロシアのウクライナ侵攻を多面的・多角的に捉え，平和的な解決策を提案しよう！

単元 13

より良い社会の実現に向けた15歳の提言

単元構成のねらい

　本単元は，公民的分野，そして中学校社会科の最後の単元である。国際社会の単元と，課題の探究の単元を兼ねている。地球規模で起こる様々な課題に対して，1時間ごとにテーマを設定して学習する。その際に，地球規模の枠組みだけでなく，自分たちにどのような影響があり，自分たちの行動がどのような影響を与えているかを大事にし，自分事として考える学習にしたい。そして，後半は，自分でテーマを設定し，課題への解決策を提案する。

単元の概念構造

〈本質的な問い〉地球規模の課題に対して，我々はどのように向き合うべきなのだろう？
〈単元の問い〉地球規模の課題に対して，我々はどのように向き合うべきなのだろう？
〈考えさせたい視点〉
・貧困：貧困の要因には，自然環境の問題だけでなく，世界システムの産業構造の問題，歴史的背景に基づく紛争の問題などがある。我々の消費選択も，影響を与えている。
・環境：環境問題には，地球規模での取り組みが欠かせない。我々の消費選択も，環境の悪化に影響を与えている。
・人間の安全保障：現代にも人権が脅かされている状況がある。我々の消費選択も，影響を与えている。

オーセンティックな学びに近づけるポイント

知識の構築	地球規模の課題に対して，自ら課題を設定し，情報をまとめ，多面的・多角的に解決策を考えるために知識を構築する。
学問に基づく探究	資料をもとに，課題の要因を分析し，解決策を考えるために，複数の学問に基づく探究を行う。
学校を超えた価値	現実の社会で起こる課題への解決策を提案するため，オーセンティックな課題である。提案方法によって，さらにオーセンティックな課題となる。

単元全体の課題設定のねらい

　現実の社会で起こる課題に対して，自分で課題を設定し，解決策を提案するため，オーセンティックな課題である。学校外に発信することで，よりオーセンティックな課題となる。

108　〈国際〉

単元構成

単元全体の課題	4つのテーマ（貧困・環境問題・エネルギー・人間の安全保障）から1つ選び，現代社会の課題を指摘し，「より良い社会の実現に向けた15歳の提言」を発表しよう！【オーセンティックC】 `4-3 提案`
パフォーマンス課題	○主発問　・サブ発問（課題）
❶世界の貧困の現状と課題，解決策をまとめよう！【オーセンティックC】`4-3 提案`	○なぜ貧困は起こり，どのように解決すべきだろう？ `2-1 原因・理由` `3-3 価値判断` `4-3 提案` ・世界の貧困の状況をまとめよう！ `2-3 まとめ` ・なぜ貧困の問題はなかなか解決しないのだろう？ `2-1 原因・理由` ・貧困の問題に対して，自分・企業・国・国際社会は，何ができるだろう？ `2-7 多面的` `2-8 多角的` `4-2 課題解決`
❷環境問題の現状と課題，解決策をまとめよう！【オーセンティックC】`4-3 提案`	○なぜ環境問題は起こり，どのように解決すべきだろう？ `2-1 原因・理由` `3-3 価値判断` `4-3 提案` ・どうして，森林は減少しているのだろう？ `2-1 原因・理由` ・どうして，アマゾンの森林は減少しているのだろう？ `2-1 原因・理由` ・どうして，東南アジアの森林は減少しているのだろう？ `2-1 原因・理由` ・どうして，アフリカの森林は減少しているのだろう？ `2-1 原因・理由` ・環境問題に対して，自分・企業・国・国際社会は，何ができるだろう？ `2-7 多面的` `2-8 多角的` `4-2 課題解決`
❸日本のエネルギーMIXを提案しよう！【オーセンティックC】`4-3 提案`	○エネルギーは，どのように供給すべきだろう？ `3-3 価値判断` `4-3 提案` ・どれだけの資源・エネルギーを消費しているのだろう？ ・それぞれの発電方法のメリット・デメリットをまとめよう！ `2-5 比較` `2-7 多面的` ・他の国のエネルギーMIXは，どうなっているだろう？ `2-5 比較` ・日本のエネルギーMIXは，どのような特徴があるだろう？ `2-3 まとめ`
❹「人間の安全保障」の現状と課題，解決策をまとめよう！【オーセンティックC】`4-3 提案`	○「人間の安全保障」の問題はなぜ起こり，どのように解決すべきだろう？ `2-1 原因・理由` `3-3 価値判断` `4-3 提案` ・次の①～③は，今もいる？いない？（①王様，②海賊，③奴隷） ・日本に「現代奴隷」はいるのだろうか？ ・「現代奴隷」の人権を守るために，自分・企業・国・国際社会は，何ができるだろう？ `2-7 多面的` `2-8 多角的` `4-2 課題解決`
❺4つのテーマ（貧困・環境問題・エネルギー・人間の安全保障）から1つ選び，発表に向けた資料をつくろう！【オーセンティックC】`4-3 提案`	・テーマを決めよう！ ・どのような課題があるのだろう？ ・その課題はなぜ起こり，解決しないのだろう？ ・現在，どのような取り組みが行われているのだろう？ ・その課題を，どのように解決すべきだろう？ ・その課題に対して，自分たちにできることは何だろう？
❻現代社会の課題を指摘し，「より良い社会の実現に向けた15歳の提言」を発表しよう！【オーセンティックC】`4-3 提案`	・提言をプレゼン発表しよう！ ・プレゼン発表に対して，質問や意見を出し合おう！ ・ベスト提言を決めよう！ ・ベスト提言を，どのように社会に発信するか決めよう！

【本単元の参考文献】

夫馬賢治『データでわかる2030年地球のすがた』日経BPM，2020年

第2章　オーセンティックな学びを取り入れた授業展開&ワークシート　109

より良い社会の実現に向けた15歳の提言 ❹

▶ 単元内の位置付け

　本時では，「人間の安全保障」の視点から地球規模の課題を考える。「奴隷」という，子どもたちにとって意外性のあるキーワードをもとに，自分たちの身近にあるものに関わる人々の人権が守られていない状況に気づかせる。また，その要因には自分たちの消費選択も関わっていることから，様々な立場でできることを検討する。

▶ 指導言でわかる！授業の流れ

(1) クイズ （漫画やアニメのキャラクターを提示し）次の①～③は，今もいる？いない？

　①王様：(例)「こんな王様はいないんじゃないの？」「でも，国王ってニュースで聞くよ。」
　王様はいる。かつてのように絶対的な権力を誇る王様は少なくなったが，現代でも様々な王室，君主として位置付く国は，たくさんある。

　②海賊：(例)「さすがにいないでしょ！」「人のものを奪ったら犯罪だ。」
　海賊もいる。現代でも，アジアやアフリカの海を中心に海賊行為を行っている。

　③奴隷：(例)「昔の話でしょ！」「今の時代にいたらおかしい！」
　奴隷もいる。もちろん，奴隷制度や奴隷として扱うことは許されることではない。しかし，世界には2500万人もの奴隷がいるという調査がある。イギリスでは，2015年に「現代奴隷法」が制定され，人身売買や強制労働，児童労働などが禁止されている。児童労働については，地理的分野で学習しているので，子どもたちの知識と重なってくる。

(2) 発問 日本に「現代奴隷」はいるのだろうか？

　→ (例)「アジアやアフリカではありそう。」「日本にはいないのでは？」

　「現代奴隷法」をもとに検討する。製品を製造する過程で，強制労働や児童労働が行われる可能性がある。製品を安く売ろうとすると，これらの危険性が高まる。また，今後増加が予想される外国人労働者，技術実習生の待遇である。近年のニュースなどをもとに，「現代奴隷」と言えるのかを検討する。

(3) 発問 「現代奴隷」の人権を守るために，自分・企業・国・国際社会は，何ができるだろう？　　　　　　　　　　　　　　　　🖊2-7 多面的　🖊2-8 多角的　❗4-2 課題解決

　・自分：(例) 安いモノだけを求めるのでなく，製造の過程などにも注目する。
　・企業：(例) 製造過程を「見える化」する。人権を守らないところとは取引しない。
　・国：(例) 労働者の人権を守る法律を整備する。罰則を設ける。
　・国際社会：(例) 生産者や工場労働者などの労働環境を守る条約をつくる。

(4) パフォーマンス課題 「人間の安全保障」の現状と課題，解決策をまとめよう！

　　　　　　　　　　　　　　　　　　　　　　　　　　　　　　　　❗4-3 提案

より良い社会の実現に向けた15歳の提言 ④

目標「人間の安全保障」の視点から地球規模の課題を分析し，解決策を提案できる。

【活動1】日本に「現代奴隷」はいるのだろうか？

いる・いない	（理由）

【活動2】「現代奴隷」の人権を守るために，自分・企業・国・国際社会は，何ができるだろう？

自分	
企業	
国	
国際社会	

【パフォーマンス課題】「人間の安全保障」の現状と課題，解決策をまとめよう！

現状	課題	解決策

より良い社会の実現に向けた15歳の提言 ❺

▶ 単元内の位置付け

　本時では，単元のまとめ，そして中学校社会科のまとめとして，これまで学習してきたことを総動員して，地球規模の課題への提言を行う。本時で，提言を作成し，次時に発表する。そして，どのように社会に発信するかを検討し，実際の社会に働きかける。

▶ 指導言でわかる！授業の流れ

(1) パフォーマンス課題　3年間の社会科の学習のまとめとして，次の課題を提示する。

!4-3 提案

　4つのテーマ（貧困・環境問題・エネルギー・人間の安全保障）から1つ選び，現代社会の課題を指摘し，「より良い社会の実現に向けた15歳の提言」を発表しよう！

①発表方法を説明する。
・右のワークシートの【発表方法】に沿って説明する。

②活動方法や手順を，順に説明する。
・右のワークシートの【活動手順】に沿って説明する。

③本時は，活動手順に沿って活動を進める。
・実際には，本単元の最初に単元全体の課題を提示・説明しているため，本時までにも各自で課題設定をして取り組んでいる。本時では，班のメンバーで役割を分担したり，発表の練習をする時間がメインとなる。もし，本時で発表できる状況まで進まない場合は，もう1時間追加するなどの配慮が必要である。

④次時は，グループごとの発表である。
・まずは，クラスで発表し，提言への質問や意見を出し合う。そして，クラスでベスト提言を決定する。さらに，決まったベスト提言を，どのような形で社会に発信するかを検討する。発信するのは，ベスト提言のみでなく，すべての提言を発信しても構わない。

⑤発信方法として，例えば次のようなことが考えられる。
・学校全体の集会での発信や，後輩たちへの出前授業を実施する。
・小学校への出前授業や，地域コミュニティ，市役所などで発信を行う。
・SNSなどで制限をかけた上で発信する。

より良い社会の実現に向けた15歳の提言 ⑤

目標 地球規模の課題に対して，課題を解決する提言を作成し，発信することができる。

【パフォーマンス課題】

4つのテーマ（貧困・環境問題・エネルギー・人間の安全保障）から1つ選び，現代社会の課題を指摘し，「より良い社会の実現に向けた15歳の提言」を発表しよう！

【発表方法】

・グループで，10分間のプレゼン発表を行う。

・現在の社会で起こる課題から，テーマを1つ選ぶ。

・そのテーマに関係するSDGsの17の目標を選ぶ（複数可）。

・現状や取り組み，解決策をパワーポイントにまとめる。

【活動手順】

①なぜ，このテーマを選んだのか

なぜこのテーマを選んだのか，テーマ設定の理由を伝えます。

②どのような課題があるのか

世界で起こるこのテーマに関する課題を具体的に伝えます。事実だけでなく，「なぜ課題と言えるのか」まで伝えるようにします。

③なぜ，この課題が解決しないのか

解決しない原因や背景を伝えます。表面的な内容だけでなく，解決が難しい原因にまで踏み込んで伝えるようにします。

④現在，どのような取り組みが行われているのか

その課題の解決に向けて，世界でどのような取り組みが行われているのかを，具体的に伝えます。

⑤この課題を，どのように解決すべきか

原因や背景を踏まえて，この課題の解決策を，広い視点から具体的に提案します。

⑥自分たちにできることは何か

他人事ではなく，「自分（たち）にできること」を考えることで，社会の一員としての行動を考え，発信します。

おわりに

本書の意義

　本書では，オーセンティックな学びを取り入れた公民的分野の学習を提案しました。本書で紹介した授業の特徴は，次のようにまとめられます。

・現実社会につながる，単元全体の課題を設定する。
・課題を解決するために，単元構成や授業をデザインする。
・各単元の重要な概念を扱い，学習者の見方・考え方を鍛える。
・思考を重視し，多面的・多角的に考える活動を取り入れる。
・全員が参加し，力をつけるために授業をデザインする。
　（環境のユニバーサルデザイン，学力のユニバーサルデザイン，意欲のデザイン）

　このような授業を，単発でなく，公民的分野の学習全体で行うことで，学習を現実社会とつなげ，オーセンティックな学力を形成していく。これが，本書のねらいです。

　一つひとつの授業をみると，今まで提案されてきた学習と大きく変わらないかもしれません。しかし，本書では，カリキュラム全体を通して，公民的分野の学習でつける力（オーセンティックな学力）を明確にし，それに基づいて各単元，各授業を提案しました。

　本書の目的は，公民的分野の学習をオーセンティックな学びに近づけることです。大事なことは，社会科全体で，オーセンティックな学力を形成することです。そのために，地理・歴史・公民，そしてそれぞれの単元で，どのような見方・考え方を養い，力をつけていくのかをトータルで考えていくことが欠かせません。

　本書では，すべての公民的分野の学習の時間のカリキュラム構成を載せました。カリキュラム全体から構成することが大切だからです。ただし，このカリキュラム構成は，あくまで一例です。授業者によって，取り上げたい事例や，深めたい事例があるでしょう。また，学校や地域によって，大切にしている単元や題材もあるでしょう。また，さらに言えば，教科書にとらわれず，弾力的な単元構成も求められるでしょう。本書を叩き台にしていただいて，より良いカリキュラムを構成していただければと思います。大事なことは，つけたい学力からの逆算で，授業・カリキュラムをデザインすることです。学習者の状況，学校・地域の状況，授業者の社会科教科観・授業観に基づいて，状況に応じたカリキュラム・マネジメントを行ってください。

学び続ける授業者へ

　オーセンティックな学びを実現するには，授業者自身の力量形成，授業改善の視点が欠かせません。授業は，事前に計画し（P：計画），授業を行い（D：実践），自身の授業を振り返って実践を評価し（C：評価），改善していく（A：改善）ことで，より良い授業になっていきます。本書は，授業のPDCAの「P（計画段階）」をサポートするためのものです。

　本書の授業展開は，誰でもすぐにできるものをめざしていますが，筆者の現在の指導技術などに裏打ちされた展開になっています。そのため，もしかするとそのまま授業を行っても，「時間が足りない」「うまくいかない」という状況が起こるかもしれません。それは，授業者も学習者も異なるので，本来当然のことです。先生方ご自身の力量や，授業方法に合わせて展開を工夫してみてください。

　大事なことは，より良い授業をめざして，授業者が学び続けることです。

　まずは，「良い」と言われる授業をマネしてみましょう。その一つとして，本書のネタや活動，授業展開を一度実践してみてください。「マネる」ことは，学ぶことです。「マネる」ことで，自分の型ができてきます。

　次に，学習者から学びましょう。学習者が，学習に向かわない，力がつかないのには，必ず理由・原因があります。学習者のせいにせず，「何が問題だったのか」「どうすればうまくいくのか」を考え，修正していきましょう。

　そして，授業者自身が「学ぶ場」を持ちましょう。授業内容の教材研究は，授業をする上で最低条件です。それだけでなく，仲間と授業の腕を磨き合うサークル活動や，優れた実践家や研究者などの集まる場に参加するなど，授業者としての「学ぶ場」を持ちましょう。自分が学び続けることで，授業は良くなります。

　私自身，多くの書籍を読み，先人たちから学び，子どもたちに鍛えられてきました。また，共に学び合う仲間・先輩方，進むべき道を示してくださる先生方のおかげで，教師を続けられています。

　本書も，学び続ける中での人との出会い，つながり，御縁で執筆させていただきました。そういった方々のおかげで，社会科授業の現状に，一石を投じるものになったのではないかと思います。

　そんな本書が，みなさんの授業改善の一助となることを願っています。

梶谷　真弘

【著者紹介】

梶谷　真弘（かじたに　まさひろ）

1986年生まれ。大阪府立豊中支援学校，大阪府茨木市立南中学校を経て，現在大阪府茨木市立西中学校教諭。
公認心理師。授業研究サークル「KIT」代表，支援教育研究サークル「SPEC」代表。
社会科，特別支援教育に造詣が深い。
著書に，『学級経営＆授業のユニバーサルデザインと合理的配慮』（明治図書），『経済視点で学ぶ歴史の授業』（さくら社），編著に，『見方・考え方を鍛える！学びを深める中学地理授業ネタ50』『同歴史』『同公民』明治図書，2024年など。
分担執筆に，『主体的・対話的で深い学びを実現する！100万人が受けたい社会科アクティブ授業モデル』『100万人が受けたい！主体的・対話的で深い学びを創る中学社会科授業モデル』『子どもと社会をつなげる！「見方・考え方」を鍛える社会科授業デザイン』（以上，明治図書），『新任1年目でもうまくいく！子どもの心をパッとつかむ驚きの授業ルール』（学陽書房），『中学社会科"アクティブ・ラーニング発問"174　わくわくドキドキ地理・歴史・公民の難単元攻略ポイント』『対話的深い学びを測る新授業の評価　新中学社会の定期テスト』『社会科授業にSDGs挿入ネタ65』（以上，学芸みらい社），『社会科授業の理論と実践　ユニバーサルデザインによる授業づくり』（あいり出版）など。雑誌原稿多数。

中学校社会サポートBOOKS
オーセンティックな学びを取り入れた
中学校公民授業＆ワークシート

2025年2月初版第1刷刊　©著　者　梶　谷　真　弘
　　　　　　　　　　　　　発行者　藤　原　光　政
　　　　　　　　　　　　　発行所　明治図書出版株式会社
　　　　　　　　　　　　　　　　　http://www.meijitosho.co.jp
　　　　　　　　　　　　（企画）林　知里（校正）川上　萌
　　　　　　　　　　　　〒114-0023　東京都北区滝野川7-46-1
　　　　　　　　　　　　振替00160-5-151318　電話03(5907)6703
　　　　　　　　　　　　　ご注文窓口　電話03(5907)6668
＊検印省略　　　　　　　　組版所　藤原印刷株式会社

本書の無断コピーは，著作権・出版権にふれます。ご注意ください。
教材部分は，学校の授業過程での使用に限り，複製することができます。

Printed in Japan　　　　　　　　　　　ISBN978-4-18-146918-4
もれなくクーポンがもらえる！読者アンケートはこちらから

支援＋指導で、子どもにたしかな力をつける！
特別支援教育サポートBOOKS

学級経営＆授業の
ユニバーサルデザインと
合理的配慮
―通常の学級でできる支援・指導―

梶谷 真弘 著

特別な支援を要する子に対しても、"支援"だけでなく、その子の力を伸ばすための"指導"の手立ても必要だ――子どものつまずき・ケース別に、最適な支援・指導の方法を紹介。通常の学級で支援を要する子の対応に苦慮する先生にピッタリの一冊です。

A５判／144ページ／2,090円（10％税込）／図書番号 2604

明治図書　携帯・スマートフォンからは　明治図書ONLINEへ　書籍の検索、注文ができます。▶▶▶
http://www.meijitosho.co.jp　＊併記4桁の図書番号（英数字）で、HP、携帯での検索・注文が簡単に行えます。
〒114-0023　東京都北区滝野川7-46-1　ご注文窓口　TEL 03-5907-6668　FAX 050-3383-4991

楽しみながらどんどん力がつく！中学歴史おすすめ授業ネタ50選
中学校社会サポートBOOKS
見方・考え方を鍛える！
学びを深める中学歴史授業ネタ50

梶谷 真弘 編著

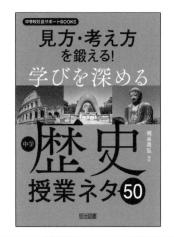

単に面白いだけの授業ネタではなく、見方・考え方を鍛え、学びを深める授業ネタを！中学校歴史的分野の単元別に、すぐ使える魅力的な「古代」「中世」「近世」「近代・現代」の授業ネタを50本収録した必携の1冊です。

A5判/128ページ/1,980円（10％税込）/図書番号 3598

楽しみながらどんどん力がつく！中学地理おすすめ授業ネタ50選
中学校社会サポートBOOKS
見方・考え方を鍛える！
学びを深める中学地理授業ネタ50

梶谷 真弘 編著

単に面白いだけの授業ネタではなく、見方・考え方を鍛え、学びを深める授業ネタを！中学校地理的分野の単元別に、すぐ使える魅力的な「世界の様々な地域」「日本の様々な地域」の授業ネタを50本収録した必携の1冊です。

A5判/128ページ/1,980円（10％税込）/図書番号 3597

楽しみながらどんどん力がつく！中学公民おすすめ授業ネタ50選
中学校社会サポートBOOKS
見方・考え方を鍛える！
学びを深める中学公民授業ネタ50

梶谷 真弘 編著

単に面白いだけの授業ネタではなく、見方・考え方を鍛え、学びを深める授業ネタを！中学校公民的分野の単元別に、すぐ使える魅力的な「現代社会」「政治」「経済」「国際」の授業ネタを50本収録した必携の1冊です。

A5判/128ページ/1,980円（10％税込）/図書番号 3599

明治図書 携帯・スマートフォンからは **明治図書 ONLINEへ** 書籍の検索、注文ができます。▶▶▶

http://www.meijitosho.co.jp ＊併記4桁の図書番号（英数字）で、HP、携帯での検索・注文が簡単に行えます。

〒114-0023 東京都北区滝野川7-46-1　ご注文窓口　TEL 03-5907-6668　FAX 050-3383-4991

オーセンティックな学びを取り入れた
中学校歴史授業＆ワークシート

梶谷 真弘 著

普段の授業に「オーセンティックな学び」＝「本物の学び」の要素を取り入れよう！「歴史」編では、古代〜中世・近世〜近代・現代まで、具体的な発問とわかりやすい展開例で楽しく考えたくなる学びを実現します。［コピーして使えるワークシート付］

B5判／136ページ／2,530円（10％税込）／図書番号 3466

オーセンティックな学びを取り入れた
中学校地理授業＆ワークシート

梶谷 真弘 著

普段の授業に「オーセンティックな学び」＝「本物の学び」の要素を取り入れよう！「地理」編では、世界と日本の諸地域ごとに、具体的な発問とわかりやすい展開例で楽しく考えたくなる学びのプランを提案します。［コピーして使えるワークシート付］

B5判／120ページ／2,376円（10％税込）／図書番号 3469

オーセンティックな学びを取り入れた
中学校公民授業＆ワークシート

梶谷 真弘 著

普段の授業に「オーセンティックな学び」＝「本物の学び」の要素を取り入れよう！「公民」編では、変化の大きな社会に対応した実生活に生きる課題に基づいて、具体的な発問とわかりやすい展開例を提案します。［コピーして使えるワークシート付］

B5判／120ページ／2,376円（10％税込）／図書番号 1469

明治図書　携帯・スマートフォンからは 明治図書ONLINEへ　書籍の検索、注文ができます。

http://www.meijitosho.co.jp　＊併記4桁の図書番号（英数字）で、HP、携帯での検索・注文が簡単に行えます。

〒114-0023　東京都北区滝野川7-46-1　ご注文窓口　TEL 03-5907-6668　FAX 050-3383-4991